**썸 탈 때 틀리면
정떨어지는 맞춤법**

썸 탈 때 틀리면
정떨어지는 맞춤법

당신의 지적 호감도를 지켜 줄 최소한의 맞춤법 100

나 이런 감정 너무 오랫만이야.
→ 랜

어떻해, 몇 일 전부터 두근거려서 잠도 않 와.
→ 떡 → 며칠   → 안

어제는 너가 한 말을 일일히 생각하느라 밤을 샜어.
     → 네   → 이   → 새웠어.

난 이제 너 밖에 모르는 바보야.

이런 나에게 사랑을 가리켜 줄래?
            → 가르쳐

하, 맞춤법부터 가르쳐 줄게...

포레스트북스

김다경 지음

✶ 들어가는 글 ✶

그럼 내일 뵈요!

감기 얼른 낳아ㅠ

아직 밥 않 먹었어?

썸을 타고 있는 이성에게 이렇게 카톡이 온다면 어떨까요? 오래전 한 구인 구직 포털 사이트에서 대학생 418명을 대상으로 설문 조사를 진행한 결과 응답자의 무려 84%가 이성이 자주 맞춤법을 틀리면 호감도가 떨어진다고 답했대요. 제 친구들 역시 이런 얘기를 종종 하는데요, 그중에서도 썸남이 삼겹살엔 역시 '파묻힘'이라고 했다며 뭘 파묻어야 할지 모르겠다던 친구의 일화와 남자 친구가 헤어질 때 지금 누굴 만날 '여권'이 안 된다고 했다며 끝나는 순간까지 정이 떨어졌다던 동생의 일화가 가장 인상 깊었어요.

이렇게 현대 사회에서는 카톡의 등장으로 예전보다

연애할 때 맞춤법이 훨씬 더 중요해졌어요. 그렇다면 맞춤법은 연애할 때만 중요할까요? 당연히 아니에요! 이력서, 보고서, 리포트, SNS 등 글쓰기는 우리 삶에서 큰 비중을 차지하고 있어요. 글이 곧 그 사람의 인격이라고 할 만큼요. 하지만 아무리 좋은 글이라 해도 맞춤법이 틀리면 신뢰가 가질 않아요. 그런데 이렇게 중요한 맞춤법을 막상 공부하려니 어디부터 시작해야 할지 막막한가요?

저는 다양한 채널에 맞춤법 강의를 올리면서 사람들이 일상생활에서 자주 헷갈려 하는 맞춤법을 어떻게 하면 쉽게 알려 드릴 수 있을지 연구해 왔어요. 이 책은 그 모든 노력의 결과물로 실생활에서 자주 사용하는 표현들로만 구성된 알짜배기 실용서예요.

제 영상이 인기를 끌었던 이유는 쉽고 재밌었기 때문인데요, 이 책 역시 '연애'를 주제로 쉽고 재밌게 써 내려갔어요. 그렇다고 내용의 깊이가 절대 얕지는 않아요. 기본적인 문법, 다양한 용례, 관련 어휘, 외래어 규정, 띄어쓰기는 물론이고, 저는 한때 아나운서를 준비했었기에 정확한 표현을 사용해 말하는 것을 매우 중요하게 생각해서 말할 때 신경 써야 하는 표현과 발음까지 알차게 담아냈어요. 또 헷갈리는 말을 쉽게 기억할 수 있는 특별한 꿀팁과 배운 내용을 복습하는 퀴즈를 통해 능동적으로 학습할 수 있도록 구성했어요.

이 책에는 훈민-정음, 세종-누리 이렇게 두 커플이 등장하는데요, 콘셉트 때문에 상대를 지적하는 상황이 많이 연출되지만, 실제로 저는 절대 그렇지 않답니다. 상대가 기분 나쁠 수도 있다는 걸 알기에 모른 척 넘어가죠. 친한 사이라고 해도 맞춤법은 지적하기가 참 민감한 부분이에요.

이 책을 읽고 나면 맞춤법 고수가 되어 앞으로 틀린 표현이 많이 보일 텐데요, 혹시 누군가에게 맞춤법을 알려 줄 일이 생기거든 무시하는 말투는 지양하고 친절하고 다정하게 알려 주기로 저랑 약속해요. 정말 아끼는 사람이라면 이 책을 선물해 주는 것도 좋은 방법이겠네요. 우리 서로 윈윈? 하하하!

그럼 이제 썸 탈 때처럼 설레는 마음으로 맞춤법 공부를 하러 가 볼까요?

김다경

✱ 인물 소개 ✱

훈민

맞춤법은 잘 모르지만 식하다. 세종의 소개로 정음을 만나면서 열심히 맞춤법 공부 중이다.

→ 연인♥ ←

정음

국어국문학과 출신으로 맞춤법에 예민한 편. 훈민을 사랑으로 가르치고 있다.

↑ 친구 ↓   ↑ 자매 ↓

세종

국어국문학과 출신으로 정음과 대학 동기이다. 정음의 소개로 누리를 만났다.

→ 썸♥ ←

누리

맞춤법에 예민한 언니와 썸남 때문에 스트레스를 받고 있다.

✻ 차례 ✻

✻ 들어가는 말 ✻ ----- 004

1장
이건 틀리면 진짜 정떨어짐

- 01 나한테 **어떻게/어떡해** 그래? ----- 016
- 02 감기 얼른 **나아/낳아** ----- 019
- 03 **오랜만에/오랫만에** 연락하네 ----- 022
- 04 우리 **며칠/몇 일**에 볼래? ----- 025
- 05 내 MBTI **맞혀/맞춰** 봐 ----- 028
- 06 그럼 내일 **봬요/뵈요** ----- 032
- 07 뽀뽀해도 **돼요/되요**? ----- 035
- 08 나 **안/않** 보고 싶어? ----- 040
- 09 자기가 최고**예요/에요** ----- 044
- 10 여름**이었다/이였다** ----- 048
- 11 당신**이어서/이여서** 고마워요 ----- 052
- 12 내 친구가 너 잘생겼**대/데** ----- 056
- 13 **설거지/설겆이**는 내가 할게 ----- 060
- 14 사랑이 뭔지 **가르쳐/가리켜** 줄래? ----- 062
- 15 넌 역시 남들과 뭔가 **달라/틀려** ----- 065
- 16 **왠지/웬지** 모르게 너한테 끌려 ----- 068
- 17 **가든 말든/가던 말던** 상관없어 ----- 071
- 18 조금 **있다가/이따가** 전화할게 ----- 074
- 19 사람은 말하는 **대로/데로** 된대 ----- 077

20 너 내 스타일인 거 **앎/암**? ····· 080

21 널 **깨끗이/깨끗히** 닦을 거야 ····· 085

22 여자 친구**로서/로써** 부탁할게 ····· 090

23 나랑 **연애/연예**할래? ····· 094

24 생각할수록 **어이/어의**가 없네 ····· 097

25 우리**의/에** 사랑은 특별해 ····· 099

26 카드로 **결제/결재**할게요 ····· 104

27 **애들아/얘들아**, 나 여자 친구 생겼어! ····· 107

28 이번 경기에서 기록을 **경신/갱신**했어! ····· 111

29 선물 택배로 **부쳤어/붙였어** ····· 115

30 내 친구 〈나는 솔로〉 **출연/출현**한대 ····· 118

31 네가 맡은 **역할/역활**이 가장 중요해 ····· 121

32 **굳이/구지/궂이** 그래야만 했니? ····· 123

33 **금세/금새** 마음이 바뀌었어? ····· 127

34 **사흘/4**일 뒤에 봐요 ····· 130

35 **금일/금요일**까지 제출해야 해 ····· 133

이것까지 알면 좀 배운 사람

- 36 이런 **설렘/설레임**은 처음이야 ····· 138
- 37 큰일을 **치르다/치루다** ····· 141
- 38 내가 넥타이 **매/메** 줄까? ····· 145
- 39 네 향기가 나에게 **배다/베다** ····· 150
- 40 나 팔**베개/배게**해 줘 ····· 154
- 41 **육개장/육계장** 사발면은 못 참지 ····· 156
- 42 나 약속 **파투/파토** 났어 ····· 159
- 43 지금 **트림/트름**한 거야? ····· 162
- 44 지금 당장 **날아갈게/날라갈게** ····· 164
- 45 널 사랑한 **대가/댓가**가 이거니? ····· 167
- 46 얼굴 **부기/붓기**가 안 빠져 ····· 170
- 47 숨 막히는 너의 **뒤태/뒷태** ····· 173
- 48 그만 **처먹어/쳐먹어**! ····· 176
- 49 오늘따라 기분이 축 **처지네/쳐지네** ····· 179
- 50 나랑 **결혼율/결혼률** 상승에 이바지할래? ····· 184
- 51 사실 **재작년/제작년**부터 널 좋아했어 ····· 187
- 52 너희 둘이 **사귀어/사겨**? ····· 189
- 53 이상형이 **바뀌었어/바꼈어**? ····· 192
- 54 바람**피우면/피면** 안 돼 ····· 195
- 55 내가 **잘할게/잘할께** ····· 198
- 56 네 돈도 내 **거/꺼**고 내 돈도 내 **거/꺼**야 ····· 200

57 **희한**/희안하게 자꾸 너한테 끌려 ······ 203

58 라면 **붇기**/불기 전에 얼른 와! ······ 206

59 네 고백 **받아들일게**/받아드릴게 ······ 209

60 네가 행복하길 **바라**/바래 ······ 212

61 나 **얼마큼**/얼만큼 사랑해? ······ 215

62 나든 사림과의 비교는 **지양**/지향해 줘 ······ 217

63 넌 내 거라는 거 **염두에**/염두해 둬 ······ 220

64 **닦달**/닥달 좀 그만해! ······ 222

65 너 얼굴에 뭐 **묻었어**/뭍었어 ······ 225

66 **실례**/신뢰를 **무릅**/무릎쓰고 말씀드려요 ······ 228

67 같은 꿈을 **좇는**/쫓는 우리 ······ 230

68 창문 **너머**/넘어 보이는 너 ······ 233

3장
이렇게 말하면 교양 있어 보임

- **69** 유월/육월에 만났는데 벌써 **시월/십월**이야! ······ 238
- **70** 허벅지가 참 **굵다/두껍다** ······ 240
- **71** 이 자리를 **빌려/빌어** 말씀드립니다 ······ 243
- **72** **제가/저가** 저녁 살게요. ······ 247
- **73** 좋은 사람 있으면 **소개해/소개시켜** 줘 ······ 249
- **74** **지난주/저번주**에 바빴어요 ······ 252
- **75** 우리 **무슨 요일/몇 요일**에 만날까요? ······ 254
- **76** 깜짝 **놀랐잖아/놀랬잖아**! ······ 256
- **77** 내가 **창피/챙피**해? ······ 259
- **78** 궁금한 건 저한테 **물어보세요/여쭤보세요** ······ 262
- **79** 아메리카노 **나왔습니다/나오셨습니다** ······ 265
- **80** **우리나라/저희 나라**는 참 살기 좋아요 ······ 270
- **81** 좋은 하루 **보내세요/되세요**! ······ 273
- **82** 잔소리는 **삼가/삼가해** 주세요 ······ 276
- **83** 너에게 **알맞은/알맞는** 사람은 나야 ······ 279

4장
외래어까지 정복하면 호감 상승

- 84 밥 먹고 **카페/까페** 갈까요? ····· 284
- 85 난 너를 보면 티라미수 케이크/케익/케잌 ♬ ····· 287
- 86 **비주얼/비쥬얼** 담당은 나야! ····· 289
- 87 왜 내 **메시지/메세지** 안 봐? ····· 292
- 88 어떤 **스킨십/스킨쉽**이 좋아요? ····· 294
- 89 **판타지/환타지** 영화 좋아해요? ····· 297
- 90 네 유튜브 **콘텐츠/컨텐츠**가 뭐야? ····· 300

5장
띄어쓰기는 이것만 딱 알면 됨

- 91 지금 **뭐 해/뭐해**? ····· 304
- 92 **사랑밖에/사랑 밖에** 난 몰라 ····· 307
- 93 우리 **한번/한 번** 사귀어 볼래? ····· 310
- 94 집에 **가지 마/가지마** ····· 315
- 95 소개팅 잘 **안됐어/안 됐어**? ····· 318
- 96 저 술 잘 **못해요/못 해요** ····· 321
- 97 죽을 만큼 **보고 싶다/보고싶다** ····· 324
- 98 **헤어진 지/헤어진지** 벌써 일 년이네 ····· 328
- 99 넌 **내 거/내거**야 ····· 331
- 100 난 **너뿐이야/너 뿐이야** ····· 335

이건 틀리면
진짜 정떨어짐

01
나한테
어떻게/어떡해 그래?

'어떻게/어떡해' 이건 진짜 틀리면 안 돼요. 이거 틀리면 이미지 어떡해…….

'어떻게'는 '어떻다'의 부사형으로 방법이나 이유 등을 물어볼 때 쓰여요. 뒤에 오는 말을 꾸며 주기 위해서 주로 문장의 처음이나 중간에 위치해요.

네가 어떻게 나한테 그럴 수 있어?
둘이 어떻게 만났어?
어떻게 이별까지 사랑하겠어.

'어떡해'는 '어떻게 해'를 줄인 말로 문장의 끝에 위치하는 엔딩 요정이에요.

또, '어떡하지'와 바꿔서 쓸 수 있으니 헷갈릴 땐 '어떡하지'를 넣어 보세요.

나 어떡해(어떡하지)?
나 이번 소개팅도 망한 것 같은데 어떡해(어떡하지)?
어제 술 마시고 X한테 전화했는데 어떡해(어떡하지)?

'어떻게'와 '어떡해'를 잘못 사용하는 경우뿐만 아니라, '어떡게', '어떻해'처럼 정체불명의 말을 쓰는 경우도 많은데요, 쉬운 공식 하나 알려 드릴게요.

s극은 n극에 끌리는 거 아시죠? 이렇게 서로 다른 극에 끌리듯 'ㅎ' 받침 다음에는 'ㄱ'이 와야 하고, 'ㄱ' 받침 다음에는 'ㅎ'이 와야 해요. ㅎ+ㅎ, ㄱ+ㄱ 이렇게 같은 자음이 연달아 오면 안 돼요!

어떻게   어떡해 (O)

어떻해   어떡게 (X)

🔍 QUIZ

1. 그 여자 (어떻게/어떡해) 생겼어? 나보다 예뻐? 예쁘냐고!
2. 나 네가 너무 좋은데 (어떻게/어떡해)?
3. 요즘 (어떻게/어떡해) 지내?
4. 고백했다가 차이면 (어떻게/어떡해)?

정답 : 1. 어떻게 2. 어떡해 3. 어떻게 4. 어떡해

감기 얼른 **나아/낳아**

썸 타는 사이에 뭘 낳으라고 한다면 매우 당황스럽겠죠? 아픈 게 나으라고 할 때는 '나아'라고 해야 해요.

하필 '낫다'의 활용형 '나아'와 '낳다'의 활용형 '낳아'의 발음이 둘 다 [나아]로 같아서 헷갈리는 말이죠. 그렇다면 왜 '낫아'가 아닌 '나아'가 될까요? '낫다'는 모음으로 시작하는 어미가 붙으면 'ㅅ' 받침이 탈락하기 때문인데요, 이걸 'ㅅ 불규칙 활용'이라고 불러요.

• 낫다

활용형: 나아, 나아서, 낫고, 낫는

1. 병이나 상처 따위가 고쳐져 본래대로 되다.

예) 널 보니 병이 씻은 듯이 나았어.

2. 더 좋거나 앞서 있다.

예) 전 남자 친구보다 현 남자 친구가 나아.

• 낳다

활용형: 낳다, 낳아서, 낳고, 낳는

1. 뱃속의 아이, 새끼, 알을 몸 밖으로 내놓다.

예) 아이를 낳다.

2. 어떤 결과를 이루거나 가져오다.

예) 좋은 결과를 낳다.

 QUIZ

1. 네 상처 내가 다 (낫게/낳게) 해 줄게.
2. 우리 나중에 아기는 몇 명 (낳을까/나을까)?
3. 기분 좀 (나아/낳아)졌어?

정답 : 1. 낫게 2. 낳을까 3. 나아

03
오랜만에/오랫만에
연락하네

'오랜만에'는 '오래간만에'의 준말이에요. 그래서 'ㄴ' 받침이 들어간 '오랜만에'가 바른 표기예요.

그런데 왜 '오랫만에'로 잘못 쓰는 사람들이 많을까요? '오랫동안'과 혼동하는 경우가 많기 때문이죠. '오랫동안'은 '오래'와 '동안'의 합성어로 [오래똥안]으로 발음돼요. 사이시옷 규정에 따라 'ㄷ'이 된소리로 발음 날 때는 'ㅅ' 받침을 넣어 주므로 '오랫동안'으로 표기해요.

오랜만에 = 오래간만에
오랫동안 = 오래+ㅅ+동안

헷갈린다면 'ㄴ' 받침이 연달아 오는 걸 기억하세요!

오랜만에

🔍 QUIZ

1. 잘 지냈어? 진짜 (오랜만/오랫만)이다.
2. (오랫동안/오랜동안) 꿈을 꾼 사람은 그 꿈을 닮아간대.
3. 우리 (오랫만/오랜만)에 야경 보러 갈까?

정답 : 1. 오랜만 2. 오랫동안 3. 오랜만

04
우리
며칠/몇 일에 볼래?

예전에는 '몇 일'과 '며칠' 둘 다 사용했지만, 1988년 맞춤법 개정 이후 '며칠'만 표준어로 인정됐어요. 그 어떤 상황에서도 '몇 일'은 틀리고 '며칠'이 맞아요.

'몇 년', '몇 월', '몇 시', '몇 분'은 맞는데, 왜 '몇 일'은 틀릴까요? 우리말 표기는 발음을 바탕으로 하기 때문이에요. 몇 월은 [며둴]로 발음하기 때문에 '몇 월'로 쓰지만, '며칠'은 [며딜]이 아닌 [며칠]로 발음하기 때문에 '며칠'로 써야 해요!

머리 아프다고요? 그냥 '며칠'만 기억하세요!

몇 월 며칠

몇 박 며칠

며칠 동안

며칠에

며칠 전

여기서 잠깐! 며칟날은 '며칠'의 본말이에요. '며칠날'로 잘못 쓰는 경우가 많은데 '며칟날'이 바른 표기랍니다.

🔍 QUIZ

1. 벌써 (몇 일째/며칠째) 전화도 없는 너.
2. 우리 신혼여행 (몇 박 몇 일/몇 박 며칠)로 갈까?

정답 : 1. 며칠째 2. 몇 박 며칠

05
내 MBTI
맞혀/맞춰 봐!

저는 맞춤법 영상을 올릴 때마다 퀴즈를 내는데요, 이런 댓글이 자주 달려요.

선생님, 저 정답 다 맞췄어요!

맞춤법 퀴즈를 다 맞혔다는 댓글을 쓸 때 맞춤법을 틀리면 안 되겠죠? 문제에 대한 답을 틀리지 않았을 때는 '맞혔어요'라고 해야 해요. 또 사주 관련 영상에도 '이 선생님 정말 잘 맞추시네요!'라는 댓글이 많이 달리는데요, '잘 맞히시네요'가 바른 표현이에요. 그리고 최근에 나이 맞혀 보라는 릴스가 한창 유행했는데, 다들 '내 나이 맞춘 사람 아무도 없음'이라고 쓰더라고요. '맞힌 사람'이라고 쓴 사람이 아무도 없었습니다.

• 맞히다[마치다]
문제에 대한 답을 틀리지 않게 하다. 적중하다.
예) 정답을 맞히다.
　　주사를 맞혔다.
　　화살을 과녁에 맞힘.

네가 날 바람맞히다니.

나 사주 봤는데 진짜 잘 맞히더라.

내 나이 맞힌 사람 아무도 없음.

• 맞추다[맏추다]

(둘 이상의 대상을) 맞대다. 조율하거나 일치시키다.

1. 서로 떨어져 있는 부분을 제자리에 맞게 대어 붙이다.

예) 퍼즐을 맞췄다.

2. 서로 어긋남이 없이 조화를 이루다.

예) 비트에 맞춰 랩을 했다.

3. 다른 사람의 의도나 의향 따위에 맞게 행동하다.

예) 상사의 비위를 맞추다.

4. 다른 어떤 대상에 닿게 하다.

예) 우리 입 맞출래?

5. 일정한 규격의 물건을 만들도록 미리 주문을 하다.

예) 교복을 맞추다.

그런데 여기서 잠깐! 정답은 맞히기만 할까요? 정답은 맞출 수도 있어요. 친구와 내 답을 서로 비교해서 맞았는지 확인할 때는 '친구와 답을 맞추다'가 맞아요.

또 '맞추다'를 '마추다'로 잘못 쓰는 경우도 많아요. 예전에는 '마추다'도 사용했으나, 1988년에 개정된 '한글 맞춤법'에서 '맞추다'로 통일했어요. 그러니까 '안성마춤'이 아니라 '안성맞춤'이 맞다는 것도 기억하세요.

🔎 QUIZ

1. 제 나이 (맞춰/맞혀) 보세요!
2. 내가 너한테 다 (맞출게/맞힐게).
3. 화살을 과녁 중앙에 정확히 (맞히다/맞추다).
4. 나 맞춤법 퀴즈 전부 (맞춤/맞힘).
5. 사주 봤는데 진짜 잘 (맞추더라/맞히더라)!

정답 : 1. 맞혀 2. 맞출게 3. 맞히다 4. 맞힘 5. 맞히더라

06
그럼
내일 **봬요/뵈요**

우리가 카톡 할 때 자주 쓰는 말인 '봬요'를 '뵈요'로 잘못 사용하는 경우가 많아요. '봬요, 뵙겠습니다, 뵐게요, 뵐까요' 어떨 때는 '뵈'였다가, 또 어떨 때는 '봬'였다가 헷갈리죠?

'봬=뵈어'라는 것만 기억하세요. 그리고 '봬/뵈'가 올 자리에 '뵈어'를 넣어 봐서 자연스럽다면 '봬', 어색하면 '뵈'예요. 연습해 볼까요?

이따가 봬/뵈요 ⋯ 이따가 뵈어요

'봬/뵈'가 올 자리에 '뵈어'를 넣었는데 자연스럽네요. 따라서 정답은 '봬요'예요!

내일 봽/뵙겠습니다 ⋯ 내일 뵈업겠습니다 (?)

'내일 뵈업겠습니다'라는 말을 사용하나요? 너무 어색하죠? 정답은 '뵙겠습니다'입니다.

홍대에서 뵐/뺄게요 ⋯ 홍대에서 뵈얼게요 (?)

'홍대에서 뵈얼게요'라니 너무 어색하네요. 정답은 '뵐게요'입니다. 이제 헷갈리지 않겠죠?

잠깐! 꼭 알아야 할 사실이 있어요. '뵙', '뺄'은 아예 안 쓰는 글자예요. 없는 글자나 마찬가지라고요! 안 쓰는 글자로 맞춤법을 틀린다면 이미지에 큰 타격이 갈 테니 특히 주의하세요.

> 🔍 **QUIZ**
> 1. 토요일에 (뵙겠습니다/뺍겠습니다).
> 2. 내일 (봬요/뵈요), 누나.
> 3. 다음 주에 찾아 (뵐게요/뺄게요)!
>
> 정답 : 1. 뵙겠습니다 2. 봬요 3. 뵐게요

뽀뽀해도 **되요/돼요?**

여러분 큰 거 왔습니다. '되/돼'는 진짜 틀리면 안 돼요. 이번에 확실히 정리하고 가자고요. '되/돼'를 구분하는 두 가지 방법을 알려 드릴 테니 마음대로 골라 쓰세요.

첫 번째 방법! '돼'는 '되어'의 줄임말이니까 '되/돼'가 올 자리에 '되어'를 넣어서 자연스러우면 '돼', 어색하면 '되'를 쓰면 돼요.

뽀뽀해도 되/돼요? ⋯▸ **뽀뽀해도** 되어요?
안 되/돼요 ⋯▸ **안** 되어요

두 문장 모두 '되/돼' 자리에 '되어'를 넣었을 때 자연스러우니까 정답은 '돼요'입니다.

안 되/돼**는데요** ⋯▸ **안** 되어**는데요 (?)**

이 문장에서는 '되/돼' 자리에 '되어'를 넣으니 어색하네요. 정답은 '안 되는데요'입니다.

덜 돼/되서요 ⋯ 덜 되어서요

이 문장에서는 '되어'를 넣으니 자연스럽네요. 정답은 '덜 돼서요'입니다. 특히 '돼서'는 사람들이 '되서'라고 많이 틀리는 맞춤법이니 꼭 기억하세요.

두 번째 방법! '되/돼'가 올 자리에 '하'를 넣어서 자연스러우면 '되', '해'를 넣어서 자연스러우면 '돼'를 쓰면 됩니다.

안 되/돼나요 ⋯ 안 하나요 vs 안 해나요
안 되/돼죠 ⋯ 안 하죠 vs 안 해죠

'안 하나요'와 '안 하죠'가 자연스러우니까 정답은 '안 되나요', '안 되죠'입니다.

그렇게 되/돼서 ⋯ 그렇게 하서 vs 그렇게 해서

'그렇게 해서'가 자연스러우니까 정답은 '그렇게 돼

서'입니다. 여기서 정말 중요한 사실이 있어요. '됌, 됬, 됍'은 없는 글자나 마찬가지예요. 아예 사용하지 않는 글자니까요. 그래서 어차피 '됌, 됬, 됍'은 탈락이었어요.

어떤 분이 '없는 글자였구나. 내 여친처럼'이라는 댓글을 다셔서 묻지도 따지지도 않고 고정해 드린 적이 있어요. 지금은 여자 친구가 생기셨기를요.

마지막으로 알아 두면 좋은 규칙! '되/돼'가 끝에 올 때는 무조건 '돼'예요!

내일 시간 돼?
너 뭐 돼?
이 책을 읽고 맞춤법 천재가 돼.

조금만 더 공부해 볼까요? '되라'와 '돼라' 중에선 뭐가 맞을까요? 일반적인 상황에서는 '돼라'가 맞지만, 구체적으로 정해지지 않은 청자나 독자에게 책 따위의 매체를 통해 간접 명령을 할 때는 '되라'가 맞아요.

• 직접 명령

구체적으로 정해진 대상에게 명령하는 경우

예) 너 내 동료가 돼라!

• 간접 명령

불특정 다수에게 책 따위의 매체를 통해 명령하는 경우

예) 맞춤법 천재가 되라!

🔍 QUIZ

1. 나 거지 (되도/돼도) 사랑해 줄 거야?
2. 다칠 준비가 (되/돼) 있어.
3. 말 놔도 (되죠/돼죠)?
4. 나는 (안 되나요/안 돼나요)?
5. 네가 잘 (되서/돼서) 정말 기뻐.

정답 : 1. 돼도 2. 돼 3. 되죠 4. 안 되나요 5. 돼서

08
나 **안/않** 보고 싶어?

댓글을 보면 다른 맞춤법보다 유난히 '안'과 '않'을 틀렸을 때 비난을 많이 하더라고요. '안/않'은 틀리면 이미지가 크게 실추될 수 있으니 집중해 주세요.

두 가지 구분법을 알려 드릴 테니 맘에 드는 걸로 골라 쓰세요!

첫 번째 방법입니다. '안'은 '아니'의 준말이고, '않'은 '아니하-'의 준말이에요. 따라서 '아니'를 넣어 자연스러우면 '안', '아니하'를 넣어 자연스러우면 '않'을 쓰면 돼요.

안/않 보고 싶다 ⋯ 아니 보고 싶다
⋯ 아니하 보고 싶다 (?)

'아니 보고 싶다'가 자연스럽네요. 정답은 '안 보고 싶다'입니다.

보고 싶지 안/않다 ⋯ 보고 싶지 아니다 (?)
⋯ 보고 싶지 아니하다

이번에는 '보고 싶지 아니하다'가 자연스러우니까 정답은 '보고 싶지 않다'입니다.

두 번째 방법! '안/않'을 빼고 말이 되면 '안', 말이 안 되면 '않'을 쓰면 돼요.

말이 안/않 돼요 ⋯ 말이 돼요

이 경우에는 '안/않'을 빼도 자연스러우니까 정답은 '말이 안 돼요'입니다.

말이 되지 안/않아요 ⋯ 말이 되지 아요 (?)

이 경우에는 '안/않'을 빼니 어색하니까 정답은 '말이 되지 않아요'입니다.

그래도 헷갈린다고요? 그냥 떠먹여 드릴게요. 헷갈릴 때 '안'으로 쓰면 99% 확률로 맞아요. 왜냐면 대부분 '않'을 써야 할 때는 잘 구분하는데, '안'을 써야 할 때는 '않'으로 잘못 쓰는 경우가 많거든요. '않 돼요', '않 좋아'처럼요. 그러니까 헷갈릴 때는 '안'으로 쓰세요!

그리고 앞에 '-지'가 있으면 '않'을 쓰면 돼요.

먹지 않았다

가지 않았어

하지 않았다

'먹지는 않았다'처럼 '-지' 뒤에 조사가 붙은 경우도 마찬가지예요.

이렇게 쉽게 알려 줬는데 틀리면 안 되지 않겠니?

> ## 🔍 QUIZ
> 1. 나 (안/않) 보고 싶어?
> 2. 이곳에 들어가시면 (안/않) 돼요.
> 3. 이젠 그를 사랑하지 (안/않)아요.
> 4. 나 선배 좋아하면 (안/않) 되나요?
>
> 정답: 1. 안 2. 안 3. 않 4. 안

09
자기가 최고예요/에요

'최고예요'를 '최고에요'라고 잘못 쓰는 분들이 정말 많아요. 지금 알려 드리는 공식만 이해하면 '예요/이에요' 뿐만 아니라, '였다/이었다', '여서/이어서'까지 일상생활에서 가장 많이 쓰이면서도 가장 많이 틀리는 맞춤법을 정복할 수 있어요. 생각보다 쉬우니 집중!

먼저, '예요'는 '이에요'의 준말이라는 걸 알아야 해요. '최고예요'처럼 받침이 없는 명사 뒤에는 '-예요'가 오고, '최악이에요'처럼 받침이 있는 명사 뒤에는 '-이에요'가 와요. 따라서 '최고에요', '최악이예요'라고 쓰면 안 돼요. '최악이예요'는 '최악이이에요'라고 하는 것과 같으니까요. '예요=이에요'이므로 '에요'와 '이예요'는 탈락!

받침 없는 명사+예요	받침 있는 명사+이에요
최고예요	최악이에요
친구예요	연인이에요
거예요	것이에요
뭐예요	뭣이에요

혹시 '받침이 있고 없고 아우 머리 아파~'라고 생각하시는 분 있나요? 사실 따질 필요가 없어요. 왜냐고요? 우린 한국어 원어민이잖아요. 우리가 언제 "아! '최고'에는 받침이 없으니까 '최고이에요'가 아니고 '최고예요'지"라고 따지면서 말했나요? 원리를 알려 드리기 위해 받침의 유무를 언급했을 뿐이에요.

우리가 기억해야 할 것은 '예요'가 올 자리에는 '에요'가 아니라 '예요'가 와야 한다는 것과 '이에요'가 올 자리엔 '이예요'가 아니라 '이에요'가 온다는 사실이에요.

여기까지 잘 따라오셨죠? 그런데 예외가 있어요.

바로 '아니에요'인데요. '아니'에는 받침이 없지만 '아니예요'가 아니라 '아니에요'라고 써야 해요. 왜냐면 '아니'는 명사가 아니라 형용사의 어간이기 때문이죠. '아니에요'는 특별하게 따로 기억해 주세요!

또 주의해야 하는 경우가 있어요.

1) 사람 이름에 접미사 '-이'를 붙일 때

예) 제 첫사랑은 정음이예요.

TIP '정음+ -이'가 한 덩어리라서 '정음이+예요'가 돼요.

2) '-이'로 끝나는 명사일 때

예) 원숭이예요.

　　옷걸이예요.

　　연인 사이예요.

TIP　'원숭이', '옷걸이', '사이'가 한 덩어리이므로 '원숭이+예요', '옷걸이+예요', '사이+예요'가 돼요.

자칫 '이예요'라고 쓰여 있어서 틀렸다고 생각할 수 있으니 주의하세요.

🔍 QUIZ

1. 이름이 (뭐에요/뭐예요)?
2. 우리 오늘부터 사귀는 (거예요/거에요)?
3. 난 항상 (진심이에요/진심이예요).
4. 그게 무슨 (소리에요/소리예요)?
5. 저희는 그냥 친구 (사이에요/사이예요).
6. 제 스타일이 (아니예요/아니에요).

정답 : 1. 뭐예요 2. 거예요 3. 진심이에요
　　　 4. 소리예요 5. 사이예요 6. 아니에요

여름이었다/이였다

내가 그 아이를 처음 본 건 그해 여름이었다.

왠지 몽글몽글해지는 이 문장. SNS에서 '여름이었다'라는 글귀 많이 보셨죠? 그런데 '여름이였다'라고 잘못 쓰는 분이 많더라고요. 이런 감성 글귀를 쓸 때 맞춤법을 틀리면 감성이 바사삭 깨질 수 있으니 더 신경 써야 해요.

앞에서 '예요/이에요'를 정복한 분들은 편하게 읽어도 돼요. '이에요'의 준말은 '예요'였죠? '이었다'의 준말은 '였다'예요. 그래서 '여름이였다'는 '여름이이었다'리고 하는 것과 같아서 틀린 표현이에요.

받침 없는 명사+였다	받침 있는 명사+이었다
최고였다	최악이었다
친구였다	연인이었다
거였다	것이었다

'여름'에는 받침이 있으니까 '여름+이었다'가 돼요. 근데 우린 한국어 네이티브 스피커니까 '여름였다'인지 '여

름이었다'인지 받침 유무를 따지지 않아도 알 수 있죠?

'이였다'는 틀리고 '이었다'가 맞다는 것만 기억하세요! 여기서 문제 하나 낼게요.

아니였다 vs 아니었다

어떤 게 맞을까요? 앞에서 '예요/이에요'를 설명할 때 말한 것처럼 '아니'는 명사가 아니라 형용사의 어간이라서 받침이 없지만 '아니었다'로 써야 해요. 그냥 '아니에요', '아니었다'는 특별히 따로 외워 주세요.

'예요/이에요'와 마찬가지로 주의해야 하는 경우가 있어요.

1) 사람 이름에 접미사 '-이'를 붙일 때
예) 내 첫사랑은 훈민이였다.

> TIP '훈민+-이'가 한 덩어리라서 '훈민이+였다'가 돼요.

2) '-이'로 끝나는 명사일 때

예) 원숭이였다.

옷걸이였다.

연인 사이였다.

TIP '원숭이', '옷걸이', '사이'가 한 덩어리이므로 '원숭이+였다', '옷걸이+였다', '사이+였다'가 돼요.

🔍 QUIZ

1. 그건 (사랑이었다/사랑이였다).
2. 너 때문에 바보가 된 (기분이였어/기분이었어).
3. 얼굴만 이쁜 게 (아니였어/아니었어).
4. 강아지인 줄 알았는데 (고양이였다/고양이었다).

정답 : 1. 사랑이었다 2. 기분이었어 3. 아니었어 4. 고양이였다

11
당신**이어서/이여서** 고마워요

'여서'는 '이어서'의 준말이에요. 받침이 있는 명사 뒤에는 '-이어서', 받침이 없는 명사 뒤에는 '-여서'가 와요. '-이여서'는 '-이이어서'라고 하는 것과 같아서 틀린 표현이에요.

받침이 없는 명사+여서	받침이 있는 명사+이어서
최고여서	최악이어서
친구여서	연인이어서
거여서	것이어서

그렇다면 '아니어서'와 '아니여서' 중 어떤 게 맞을까요? '아니'는 특별한 친구였던 거 기억나죠? '아니'는 명사가 아니라 형용사의 어간이므로 '아니어서'로 표기해요.

아니에요

아니었다

아니어서

또, 앞에서 설명한 것과 같은 원리로 주의해야 하는 경우가 있어요.

1) 사람 이름에 접미사 '-이'를 붙일 때

예) 내 남자 친구가 훈민이여서 자랑스러워.

> TIP '훈민+이'를 한 덩어리로 생각해서 '훈민이+여서'가 돼요.

2) '-이'로 끝나는 명사일 때

예) 저는 착한 어린이여서 엄마 말을 잘 들어요.

　　우린 헤어진 사이여서 서로 모르는 척했다.

> TIP '어린이', '사이'가 한 덩어리라서 '어린이+여서', '사이+여서'가 돼요.

여러분! 정말 고생했어요. 이로써 여러분은 가장 중요하지만, 가장 많이 틀리는 맞춤법을 정복했어요. 마지막으로 '예요/이에요, 였다/이었다, 여서/이어서'를 한 번에 정리해 볼게요.

1) 예요=이에요 / 였다=이었다 / 여서=이어서

예) 최고예요 / 최악이에요

최고였다 / 최악이었다

최고여서 / 최악이어서

2) '아니'는 특별한 친구

예) 아니에요 / 아니었다 / 아니어서

3) 받침 있는 사람 이름 + 접미사 '-이'

예) 정음이예요 / 정음이었어 / 정음이어서

4) '-이'로 끝나는 명사일 때 경각심을 갖자!

예) 어린이예요 / 어린이었어 / 어린이여서

🔍 QUIZ

1. (청춘이어서/청춘이여서) 아프다.
2. 혼자가 (아니여서/아니어서) 다행이야.
3. 넌 따뜻한 (사람이어서/사람이여서) 좋아.
4. 주인 없는 (고양이여서/고양이어서) 집으로 데려왔다.

정답 : 1. 청춘이어서 2. 아니어서 3. 사람이어서 4. 고양이여서

12
내 친구가 너 잘생겼대/데

'데/대'는 카톡 할 때 많이 틀리는 맞춤법이죠. 남한테 들은 말을 전할 때는 '-대'를 써야 하는데, '-데'를 쓰는 실수를 많이 해요.

- **-대 = -다고 해**

남한테 들은 얘기를 전달할 때

예) 친구한테 들었는데, 그 집 돈가스 진짜 맛있대(=다고 해).

- **-데 = -더라**

내가 직접 경험한 것을 전달할 때

예) 어제 날씨 진짜 덥데(=더라).

또 남의 말을 전달하는 말 중에 '-데'와 '-대'만큼 헷갈리는 말이 있어요. 바로 '-냬'입니다.

'-냬'는 '-냐고 해'가 줄어든 말로 '엄마가 인사 언제 올 거냬'와 같이 누군가의 물음을 간접적으로 대신 전할 때 사용해요. 말로 할 때는 익숙한데 막상 글로 쓰려고 하니 '-냬'인지, '-네'인지 헷갈리시죠? '냬'와 '네'가 잘 안 쓰는 글자라서 더 그럴 거예요. '-냬'는 '-냐고 해'가 줄어든 말이므로 'ㅑ'를 살려 줘야 해요!

친구들이 우리 결혼 언제 하냬.

= 친구들이 우리 결혼 언제 하냐고 해.

애들이 너 언제 오냬.

= 애들이 너 언제 오냐고 해.

그리고 다른 이의 제안을 전달할 때 쓰는 '-재'를 '-재'로 잘못 쓰는 경우도 많은데요, '-자고 해'가 줄어든 말이므로 '-재'가 맞아요!

지유가 수밀에 놀러 가재.

= 지유가 주말에 놀러 가자고 해.

엄마가 청소 빨리 하재.

= 엄마가 청소 빨리 하자고 해.

이렇게 남한테 들은 말을 전달하는 세 친구를 모두 정복했어요!

남의 말을 전달하는 세 친구	
-대	-다고 해
-내	-냐고 해
-재	-자고 해

🔍 QUIZ

1. 엄마가 내가 제일 (예쁘대/예쁘데).
2. 나 어제 남산 돈가스 먹었는데 진짜 (맛있대/맛있데).
3. 선배가 너도 뒤풀이 (올 거녜/올 거내).
4. 유나가 주말에 같이 부산 (가쟤/가재).

정답 : 1. 예쁘대 2. 맛있데 3. 올 거녜 4. 가쟤

13
설거지/설겆이는
내가 할게

예전에는 '설겆이'와 '설거지' 둘 다 쓰였지만, 1988년에 '설거지'만 표준어로 인정됐어요. '설거지'는 '설겆다'라는 동사에서 나온 말인데요, 현재는 쓰지 않는 말이죠? 그래서 '어원이 불분명한 단어는 원형을 밝혀 쓰지 않고 소리 나는 대로 적는다'라는 맞춤법 규정에 따라 '설거지'가 표준어가 됐어요. 1988년도 이전에 학교를 다닌 세대뿐만 아니라 MZ 세대도 많이 틀리는 맞춤법이에요.

만약 헷갈린다면 아래 문장을 떠올려 봅시다.

설거지하는 거지

> 🔍 **QUIZ**
> (설거지/설겆이)는 내가 할게. 쉬고 있어요♥
>
> 정답 : 설거지

14
사랑이 뭔지
가르쳐/가리켜 줄래?

'가르치다'와 '가리키다'는 발음이 비슷해서 특히 말할 때 많이 헷갈리는 말이에요.

누군가에게 무언가를 알려 주는 건 '가르치다'이고, 손가락으로 어떤 방향을 지목하는 건 '가리키다'예요. 흔히 '가르치다'라고 해야 할 때, '가리키다' 또는 '가르키다'라고 잘못 말하는 경우가 많아요.

또 주의해야 할 점! '가르키다'는 아예 틀린 표현이고, '가리키다'만 맞아요. 'ㅣ' 모음이 연달아 오는 걸 기억해 두세요.

• 가르치다 teach
교육하다. 지도하다.
예) 네가 뭔데 나를 가르쳐?
　　선생님, 맞춤법 좀 가르쳐 주세요.

• 가리키다 point
손가락으로 특정한 방향이나 대상을 지목하다.
예) 친구들은 훈민이를 가리켜 사랑꾼이라 부른다.
　　손가락으로 동쪽을 가리켰다.

🔍 **QUIZ**

1. 자기는 왜 항상 날 (가르키려고/가르치려고) 해?
2. 연락처 좀 (가르쳐/가르켜/가리켜/아르켜) 주세요.
3. 누리는 손가락으로 나를 (가리켰다/가르켰다).

정답 : 1. 가르치려고 2. 가르쳐 3. 가리켰다

넌 역시 남들과 뭔가
달라/틀려

'다르다'와 '틀리다'는 둘 다 맞는 말이지만, 쓰임이 전혀 달라요. 글로 쓸 때뿐만 아니라 말할 때도 잘못 말하는 경우가 많아서 둘의 차이점을 꼭 알아야 해요!

보통 '다르다'라고 해야 할 때 '틀리다'라고 하는 실수를 많이 하죠.

• 틀리다 wrong

셈이나 사실 따위가 그르게 되거나 어긋나다.

예) 내 말이 틀려?

나 딱 한 문제 틀렸어.

• 다르다 different

1. 비교가 되는 두 대상이 서로 같지 않다.
2. 보통의 것보다 두드러진 데가 있다.

예) 난 다른 남자와 달라.

역시 전문가는 다르네.

누군가 여러분에게 틀렸다고 말한다면 이렇게 말해 주세요!

"난 틀린 게 아니라 너랑 다를 뿐이야! 서로의 다름을 인정해 줄래?"

🔍 QUIZ

1. 예쁘기만 하고 매력은 없는 애들과 난 (틀려/달라)!
2. 너 오늘 평소랑 좀 (틀려/달라) 보인다.
3. 어릴 때 난 남들과 (틀리게/다르게) 살 줄 알았어.

정답 : 1. 달라 2. 달라 3. 다르게

16

왠지/웬지
모르게 너한테 끌려

'왠지'와 '웬지' 중 어떤 게 맞을까요? '웬지'는 '왜인지'의 줄임말로 '왠지'가 바른 표기예요.

왠지

'왠지' 안에 '왜'가 들어 있는 거 보이죠? 그렇다면 '어찌 된, 어떠한'이란 뜻을 가진 '웬'은 언제 쓰는지 알아볼까요?

웬만해선

웬일이야

웬만큼

웬 떡이니

웬걸

웬 놈이냐

TIP '왠지'만 '왠'이고 나머지는 다 '웬'으로 기억하면 돼요.

우와, 이렇게 쉽다니! 웬일이니~

🔍 **QUIZ**

1. (왠만해선/웬만해선) 그들을 막을 수 없다.
2. (왠지/웬지) 오늘 썸남이 고백할 거 같아.
3. 이 시간에 (웬일/왠일)이야?
4. 나 이제 맞춤법은 (왠만큼/웬만큼) 자신 있어!
5. 갑자기 (웬/왠) 선물이야?

정답 : 1. 웬만해선 2. 왠지 3. 웬일 4. 웬만큼 5.웬

가든 말든/가던 말던
상관없어

말할 때도 쓸 때도 정말 많이 틀리는 '던'과 '든'!

주로 '가던 말던'처럼 '든'을 써야 할 때 '던'으로 잘못 쓰는 경우가 많아요.

1) '든'은 둘 이상의 것 중 어느 것이 선택되어도 상관없음을 나타낼 때 쓴다.

예) 먹든 말든.

가든지 오든지.

사귀든가 말든가.

어디든지 좋아.

보고 싶으면 지금 오든지.

TIP '든'은 두 번 연달아서 사용할 때가 많지만, '어디든지'처럼 단독으로도 쓰여요.

2) '던'은 과거의 일을 회상하거나 추측할 때 쓴다.

예) 어제 입었던 원피스 진짜 예뻤어.

어찌나 이쁘던지 첫눈에 반했다니까!

내가 좋아한다고 말했던가?

🔍 QUIZ

1. 어디에 (있든/있던) 네 생각뿐♥
2. 너는 치마를 (입든/입던) 바지를 (입든/입던) 다 예뻐!
3. 얼마나 많이 (울었던지/울었든지) 눈이 통통 부었어.

정답 : 1. 있든 2. 입든, 입든 3. 울었던지

조금 **있다가/이따가**
전화할게

'이따가'와 '있다가'는 발음이 비슷해서 많이 헷갈리는 말인데요, 사실 발음이 완전 같지는 않아요.

'이따가'는 [이따가], '있다가'는 [읻따가]로 발음하거든요. 하지만 이 정도 차이는 일상생활에서 구분하기가 매우 어렵죠.

'이따가'는 '조금 지난 뒤에'라는 뜻으로 주로 앞에 꾸며 주는 말 없이 단독으로 쓰여요. '있다가'는 '있다'에 연결 어미 '-다가'가 결합한 말로 어떤 장소에 머무르거나 어떤 상태가 그대로 유지된다는 뜻이에요. '이따가'는 단독으로 쓰이고, '있다가'는 앞말에 장소나 시간을 나타내는 표현이 온다는 게 중요해요.

사람들이 특히 헷갈려 하는 게 '조금 이따가'와 '조금 있다가'인데요, '조금 있다가'가 맞는 표현이에요. '이따가'에는 '조금'이라는 뜻이 이미 포함되어 있어서 앞에 특정 시간이나 '조금' 등과 같은 표현 뒤에는 쓰지 않아요.

• **이따가**

조금 지난 뒤에

예) 이따가 만나요.

이따가 봐요.

커피는 이따가 마시자.

🏷️ TIP 앞에 장소나 시간을 나타내는 말 없이 쓰여요.

• 있다가

있-+-다가, 어떤 장소에 머무르거나 유지되는 것

예) 조금 있다가 전화할게.

1시간 있다가 만나요.

회사에 있다가 갈게.

🏷️ TIP 앞에 장소나 시간을 나타내는 표현이 와요.

🔍 QUIZ

1. 일기예보에 (이따가/있다가) 비 온대.
2. 조금 (이따가/있다가) 전화할게.
3. 여기에 (이따가/있다가) 영화 보러 가자!

정답 : 1. 이따가 2. 있다가 3. 있다가

19
사람은
말하는 **대로/데로** 된대

말하는 대로 된다는 말 들어 보셨죠? 저는 전적으로 이 말에 동의해요. 놀랍게도 제가 말한 그대로 이루어진 적이 많았거든요. 참 신기해요.

그런데 '대로'를 '데로'로 잘못 쓰는 경우가 많아요. '대로'는 '상태'를 나타낼 때 쓰이고, '데로'는 장소를 나타낼 때 쓰이는데요, 자세히 알아볼게요.

• 대로

1. '어떤 모양이나 상태와 같이'라는 뜻으로 '그대로'로 바꿔도 말이 된다.

예) 계획한 대로(그대로) 돼 가고 있어.

　　예상대로(그대로) 만족스러웠어!

2. 어떤 상태나 행동이 나타나는 그 즉시

예) 도착하는 대로 연락해!

　　남자 친구 생기는 대로 롯데월드 갈 거야.

• 데로

장소를 나타낼 때 쓰이며 '곳으로'로 바꿔도 말이 된다.

예) 가까운 데로(곳으로) 예약할게.

너랑 아무도 없는 데로(곳으로) 가고 싶어.

참고로 '쓸데없다'와 '쓸때없다' 중 뭐가 맞을까요? 쓸 곳(장소)이 없다는 뜻이므로, '쓸데없다'가 바른 표현이에요. 그리고 '쓸데없다'는 한 단어라서 붙여 쓴다는 것도 알아 두세요!

> ## 🔎 QUIZ
> 1. 네가 하자는 (대로/데로) 다 한 게 죄니?
> 2. 너 참 생긴 (대로/데로) 논다.
> 3. 택시 불렀어. 네가 있는 (대로/데로) 갈게.
> 4. 사람은 말하는 (대로/데로) 된대!
>
> 정답 : 1. 대로 2. 대로 3. 데로 4. 대로

20
너 내 스타일인 거 앎/암?

이런 음슴체는 인터넷이나 카톡 할 때 많이 쓰이죠.

그런데 '알다'의 명사형인 '앎'을 '암'으로, '들다'의 명사형인 '듦'을 '듬'으로 잘못 쓰는 경우가 정말 많아요. '가다'의 명사형은 '감'인데 왜 '알다'의 명사형은 '앎'일까요?

여기에는 간단한 규칙이 하나 있어요! 'ㄹ' 받침으로 끝나는 어간을 명사형으로 만들면 'ㄻ' 받침이 온다는 규칙입니다. 예를 볼까요?

동사	명사형
알다	앎
들다	듦
살다	삶
만들다	만듦
걸다	걺
울다	욺
틀다	틂
빌다	빎
베풀다	베풂

이제 완벽히 앎? 내 설명 맘에 듦?

여기서 잠깐, 명사와 명사형에 대해서 더 알아볼까요?

힘든 삶을 삶

앎이 중요하다는 걸 앎

춤을 춤

 명사는 당연히 명사 자리에 오고, 명사형은 서술어 자리에 와요. 명사형은 명사 자리에 올 수 없어요. 위 문장의 경우엔 명사와 명사형의 생김새가 같아서 와닿지 않을 수 있어요. 그렇다면 다음 문장을 봐 주세요.

나 영화보다가 졸음 (X)

 '나 영화 보다가 졸음'은 틀린 문장이에요. '졸음'은 명사라서 서술어 자리에 올 수 없거든요.

졸음을 쫓으려 노력했지만 계속 졺

이렇게 '졸다'는 명사와 명사형의 생김새가 달라요. 또 '얼다'와 '울다'도 명사와 명사형의 생김새가 달라요.

얼다(명사: 얼음, 명사형: 얾)

예) 얼음이 얾

울다(명사: 울음, 명사형: 욺)

예) 울음을 멈출 수 없어서 계속 욺

왜 다르냐고요? 별다른 이유가 있는 건 아니고, 관습적으로 그렇게 써 왔기 때문이에요. 아무튼 '명사'와 '명사형'은 다르다는 거 기억해 두세요!

🔍 QUIZ

1. 너 이쁜 거 (앎/암)?
2. 이 쿠키 내가 (만듬/만듦).
3. 연애는 참 (힘듦/힘듬).
4. 나 너 때문에 매일 (욺/울).

정답 : 1. 앎 2. 만듦 3. 힘듦 4. 욺

21
널 깨끗이/깨끗히 잊을 거야

깨끗이? 깨끗히? 어떤 게 맞을까요? 한글 맞춤법 제51항에서는 부사의 끝음절이 분명히 '이'로 나는 것은 '-이'로 적고, '히'로만 나거나 '이'나 '히'로 나는 것은 '-히'로 적는다고 규정하고 있어요. 그런데 발음도 헷갈릴 땐 어떻게 하죠? 지금부터 집중해 주시면 돼요.

1단계 : '-하다'를 붙여서 자연스러우면 '-히', 어색하면 '-이'가 붙는다.

예) 꼼꼼히, 고요히, 꾸준히 ('-하다'를 붙였을 때 자연스러움)
　　줄줄이, 틈틈이 ('-하다'를 붙였을 때 어색함)

2단계 : '-하다'를 붙여서 자연스럽더라도 끝소리에 'ㄱ'이나 'ㅅ' 받침이 있다면 '-이'가 붙는다.

예) 깊숙이, 따뜻이

그리고 정말 중요한 꿀팁이 있어요! '틈틈이' 처럼 앞말이 중복될 때는 '-이'가 붙는 경향이 있답니다.

곰곰이, 일일이, 틈틈이, 낱낱이, 번번이, 곳곳이, 샅샅이 이제 큰 틀을 잡았으니, 같이 연습해 볼게요.

깔끔히 vs 깔끔이

먼저 1단계로 '-하다'를 붙여 봅니다. '깔끔하다' 자연스럽네요. 그럼 2단계로 받침을 볼까요? 'ㄱ'이나 'ㅅ' 받침이 아니네요. 정답은 '깔끔히'입니다.

깨끗히 vs 깨끗이

먼저 1단계로 '-하다'를 붙여 봅니다. '깨끗하다' 자연스럽네요. 그럼 2단계로 받침을 볼까요? 어라, 'ㅅ' 받침이네요. 그렇다면 정답은 '깨끗이'입니다.

줄줄히 vs 줄줄이

먼저 1단계로 '-하다'를 붙여 봅니다. '줄줄하다' 이상하네요. 그렇다면 정답은 '줄줄이'입니다. 근데 여기서 잠깐, 1단계에서 이미 '줄줄이'로 확정됐지만 앞말이 중복

될 때는 '-이'가 붙는 경향이 있다는 것까지 알면 더 좋겠죠?

그러나 이 방법은 원칙이 아니에요. 제가 '곰곰이' 생각해서 가장 쉬운 방법으로 정리했어요. 여기서 더 깊이 들어가면 우리 서로 힘들어지거든요.

음, 잠깐 힘들어져 볼까요? 사실 '곰곰이'는 부사 뒤에는 '-이'를 붙인다는 규칙에 따라 '곰곰'이 부사라서 '-이'가 붙는 거예요. 이렇게 예외가 많다 보니 맞춤법 규정에도 "단어마다 국어사전을 확인하는 것이 좋다"라고 적혀 있어요.

하지만 오늘 배운 공식으로 일상생활에서 쓰는 웬만한 부사는 정리가 가능하니까 걱정 마세요. 머리 아프다면 그냥 암기하는 것도 좋은 방법이에요.

그리고 평소 말할 때 발음에 신경 쓴다면, 쓸 때도 덜 헷갈릴 거예요. '깨끗이'는 [깨끄치]가 아니라 [깨끄시] 라는 거 기억해 주세요. 끝내기 전에 조금은 부끄럽지만, 오늘 밤 자기 전에 생각 날 암기법을 전수합니다!

일일이=112

곰곰이=OO2

어때요? 절대 까먹지 않겠죠?

🔍 QUIZ

1. (곰곰이/곰곰히) 생각해 봐도 나는 너
2. 자꾸 (일일이/일일히) 간섭하면 112에 신고한다?
3. 어느 순간 네가 내 마음에 (깊숙히/깊숙이) 들어왔어.
4. 네 얼굴을 보니 아픈 게 (깨끗이/깨끗히) 나았어.
5. 뭘 잘못했는지 (꼼꼼이/꼼꼼히) 따져 볼까?

정답 : 1. 곰곰이 2. 일일이 3. 깊숙이 4. 깨끗이 5. 꼼꼼히

여자 친구**로서/로써** 부탁할게

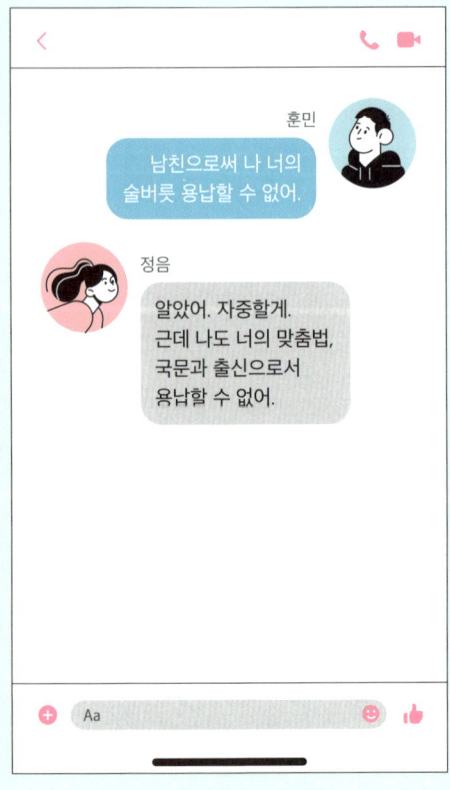

'로서'는 지위나 신분, 자격을 나타낼 때 쓰이고, '로써'는 방법과 수단을 나타낼 때 쓰여요. '써방서자'로 외우면 편해요!

로써 - 방법

로서 - 자격

> TIP 나의 써방님은 서자다. 써방서자! 부끄럽지만 이렇게 외워 볼까요?

• 로서: 자격

예) 친구로서 조언하는데 그 사람은 진짜 아니야.

넌 친구로서는 좋은데 애인으로서는 아니야.

가장으로서 막중한 책임감을 느낀다.

• 로써: 방법

예) 대화로써 갈등을 해결하다.

눈물로써 용서를 빌었다.

말로써 천 냥 빚을 갚는다.

> TIP '로써'는 '써'를 생략해도 돼요. 말로 천 냥 빚을 갚는다! 자연스럽죠?

인터넷에 '로서'는 사람, '로써'는 사물과 쓰면 된다는 글이 많은데요, 이건 편법이에요. 항상 통하는 방법이 아니거든요.

이 영화는 그의 마지막 작품으로서 큰 의미가 있다.

이 문장에서는 마지막 작품이라는 자격으로 큰 의미가 있다는 뜻이므로 '로서'를 써야 해요.

여기서 잠깐! 시간을 셈할 때 셈에 넣는 한계를 나타내거나 어떤 일의 기준이 되는 시간임을 나타낼 때 '로써'를 쓰는 경우도 있어요.

- **로써: 어떤 일의 기준이 되는 시간**

예) 오늘로써 나의 첫사랑은 끝이 났다.
　　이로써 우리는 하나가 되었다.

여러분이 이 책으로써 맞춤법을 재밌게 공부할 수 있다면 작가로서 무척 뿌듯할 거예요. 이로써 '로서'와 '로써' 강의는 끝입니다.

🔍 QUIZ

1. 나는 눈물(로서/로써) 그녀를 붙잡았다.
2. 한강은 노벨 문학상 수상자(로서/로써) 한국을 빛냈다.
3. 한강은 노벨 문학상을 수상함(으로써/으로서) 한국을 빛냈다.
4. 사람(으로서/으로써) 어떻게 그런 짓을 해?
5. 지금 애교(로서/로써) 넘어가려고 하는 거야?

정답 : 1. 로써 2. 로서 3. 으로써 4. 으로서 5. 로써

나랑 **연애/연예**할래?

연예 뉴스 댓글을 보면 '연예인'을 '연애인'으로 잘못 쓴 경우가 많이 보이더라고요. 연예인도 연애를 하긴 하겠지만, '예능' 활동을 하는 사람을 이르는 말은 '연예인'이에요.

'연예'와 '연애'는 발음도 생김새도 참 비슷해서 헷갈리는 말인데요, 한자를 알면 구별하기 쉬워요.

'연예'의 예는 藝(재주 예)를 쓰고, '연애'의 애는 愛(사랑 애)를 써요.

· **연예** 演藝

무대나 방송에서 공연하거나 연기하는 예술 활동

예) 연예 대상, 연예인, 연예계, 연예 기획사

· **연애** 戀愛

서로 사랑하여 사귀는 것

예) 연애 소설, 연애 감정, 사내 연애, 연애 세포

🔍 QUIZ

1. 너 (연예인/연애인) 중에 이상형을 고르자면 누구야?
2. 이제 곧 크리스마스네. 나도 (연애/연예)하고 싶다.

정답 : 1. 연예인 2. 연애

24
생각할수록
어이/어의가 없네

'어의'는 궁궐 내에서 임금이나 왕족의 병을 치료하던 의원을 말해요. 사극을 볼 때 말고는 우리가 들을 일이 없겠죠?

'어이없다'는 '일이 너무 뜻밖이어서 기가 막히는 듯하다', '어처구니가 없다'라는 뜻으로 다음과 같이 쓸 수 있어요.

내가 환승 이별을 당하다니 정말 어이가 없네?
오랫동안 준비한 시험에서 어이없는 실수를 했다.
그는 날 보며 어이없는 표정을 지었다.

이제 '어이'를 '어의'라고 하는 어이없는 실수는 안 하기로 해요!

> 🔎 **QUIZ**
> 1. 다른 여자의 깻잎을 떼 주다니 너 진짜 (어이/어의)없다.
> 2. 한 시간 전에 약속을 취소하다니 진짜 (어의/어이)가 없네?
>
> 정답 : 1. 어이 2. 어이

25
우리의/에
사랑은 특별해

조사 '의'는 [에]로 발음하는 것도 허용하기 때문에 조사 '에'와 발음이 같아서 헷갈리는 경우가 많아요. 이번엔 문제 먼저 풀어 볼게요.

🔍 QUIZ

1. BTS는 한국(에/의) 자부심이다.
2. 우리(에/의) 사랑은 특별해.
3. 난 한국(에/의) 사는 것에 자부심을 느낀다.
4. 우리 집(에/의) 갈래?
5. 몇 시(에/의) 만날까요?

정답: 1. 의 2. 의 3. 에 4. 에 5. 에

혹시 1번, 2번 문제가 헷갈렸나요? 아마 3번, 4번, 5번은 아주 쉬웠을 거예요. 대부분 '에'를 써야 할 때는 잘 구분하지만, '의'를 써야 할 때는 '에'로 잘못 쓰는 실수를 많이 하거든요.

한국에 자부심 (X)

우리에 사랑 (X)

아빠에 지갑 (X)

   그래서 헷갈릴 땐 '의'로 쓰면 높은 확률로 정답이에요. 꼼수를 알려 드렸으니 이제 정석으로 배워 봐야겠죠?
   '의'는 '명사'를 꾸며 주고, 소속과 소유를 나타내요. '에'는 '서술어(동사, 형용사)'를 꾸며 주고, 장소, 시간, 방향을 나타내요. 그래서 '에'와 '의'가 들어갈 자리는 문장의 구조로도 알 수 있고 의미로도 알 수 있어요.

   그럼 같이 연습해 볼까요?

우리에/의 사랑은 특별해

   구조로 확인해 볼까요? '우리'가 뒤에 오는 명사 '사랑'을 꾸며 주네요. 이제 의미로 확인해 볼게요. '우리'가 가지고 있는(소유) '사랑'인 거죠? 정답은 '의'입니다.

세계 속에/의 한국

구조로 확인해 볼게요. '세계 속'이 명사인 '한국'을 꾸며 주네요. 이제 의미로 확인해 볼까요? '세계 속'에 소속된 '한국'이란 뜻이니까 정답은 '의'입니다.

한국에/의 사는 자부심

'한국'이 동사인 '사는(살다)'을 꾸며 주는 구조네요. 그리고 한국이란 장소에 산다는 뜻이니까 '에'가 정답!

입술에/의 크림이 묻다

'입술'이 동사 '묻다'를 꾸며 주는 구조네요. 이렇게 꾸며 주는 말이 항상 바로 뒤에 오는 건 아닌데요, 그럴 땐 의미로 확인하면 돼요. 크림이 '입술'이라는 곳(장소)에 묻은 거니까 '에'를 써야 해요.

잠깐, 그렇다면 '옥의 티'는 맞는 말일까요? 명사인 '티'를 꾸며 주니까 '옥의 티'라고 생각하셨나요? 문법적으로는 '옥의 티'가 맞으나 '옥에도 티가 있다'는 말을 줄여서 관용적으로 '옥에 티'라고 써요. 이럴 땐? 그냥 묻지도 따지지도 않고 외우는 게 최고!

옥에에에 에에에 에-에 티애니원

QUIZ

1. 나(에/의) 여자 친구가 되어 줄래?
2. 우리 집(에/의) 가서 고양이 볼래?
3. 넌 내 삶(에/의) 오아시스야.
4. 이따가 7시(에/의) 만나자.

정답 : 1. 의 2. 에 3. 의 4. 에

26
카드로 결제/결재할게요

결제와 결재는 둘 다 사전에 있는 말이지만 의미는 전혀 달라요. '결제'는 돈과 관련된 말이고, '결재'는 주로 회사에서 쓰이는 말로 안건을 승인한다는 뜻이에요.

- **결제**

돈을 주고받아 서로 간의 거래를 끝맺는 것

예) 카드로 결제할게요.

- **결재**

결정할 권한이 있는 상관이 부하가 제출한 안건을 승인하는 것

예) 부장님, 서류 결재 부탁드려요.

쉽게 기억하는 방법 알려 드릴게요.

카드 결제한 건 제 통장에서 빠져나가요.
재수 없는 상사가 서류 결재를 안 해 준다.

조금 더 고급스럽게 알려 드리고 싶었지만 이게 최선이에요.

🔍 QUIZ

1. 현금으로 (결제/결재)하면 깎아 주시나요?
2. 부장님, 법인 카드 (결제/결재) 내역 보고서
   (결제/결재)해 주세요.
3. 12개월 할부로 (결제/결재)할게요.
4. 이사님의 (결재/결재)가 아직 나지 않았어요.

정답 : 1. 결제 2. 결제, 결재 3. 결제 4. 결재

얘들아/애들아, 나 여자 친구 생겼어!

'애들'은 '아이들'의 준말이고, '얘들'은 '이 아이들'의 준말이에요. 그래서 앞의 단톡에서처럼 '누군가를 특정해서 부를 때'는 지시 관형사 '이'가 들어간 '얘들아'가 맞아요.

'애들'은 '요즘 애들은 싸이월드 감성 몰라'처럼 일반적인 아이들을 지칭하거나, '나쁜 애들', '1학년 애들'처럼 앞에 수식하는 말이 올 때 써요.

- **애들**

'아이들'의 준말, 일반적인 아이들을 가리킬 때, 앞에 수식하는 말이 올 때

예) 요즘 애들은 어디서 놀아?

애들처럼 왜 그래? 철 좀 들어!

나쁜 애들하고 어울리지 마!

- **얘들**

'이 아이들'의 준말, 특정한 아이들을 가리킬 때, 대상이 가까이 있을 때

예) 얘들아, 우리 떡볶이 먹으러 갈래?

얘들이 저랑 가장 친한 친구들이에요.

'애들'과 '얘들'이 함께 들어간 문장을 보면 이해하기 더 쉬울 거예요.

뭐야? 얘들 뭐 하는 애들이야?
얘들이 이래 봬도 착한 애들이에요.

상황에 따라 '애들'과 '얘들' 둘 다 쓸 수도 있어요.

애들한테 물어볼게요. / 얘들한테 물어볼게요.

왼쪽 문장은 지금 눈앞에 없는 불특정한 아이들에게 물어본다는 뜻이고, 오른쪽 문장은 지금 눈앞에 있는 특정한 아이들에게 물어본다는 뜻이에요.

그럼 '애들아'는 아예 쓸 수 없을까요? '1학년 1반 애들아!'처럼 앞에 수식하는 말이 온다면 쓸 수 있겠지만, 앞에 오는 말 없이 '애들아'라고 부르는 게 일반적이에요.

🔍 QUIZ

1. (애들아/얘들아), 이리 와 봐!
2. 나 요즘 (애들/얘들)처럼 입어 봤는데 어때?
3. (애/얘)가 나랑 같이 사는 (애/얘)야.

정답 : 1. 얘들아 2. 애들 3. 얘, 애

28
이번 경기에서 기록을 **경신/갱신**했어!

누리: 손흥민 선수가 또 갱신했대요!

세종: 토트넘하고 계약 갱신했다고?

누리: 아니, 경기에서 기록을 갱신했다고요!

세종: 기록은 '갱신'하는 게 아니라 '경신'하는 거야.

'경신'과 '갱신'은 비슷하게 생겨서 많이 헷갈리는 말이죠? '경신'은 기록 경기에서 종전의 기록을 깼을 때나 어떤 분야의 종전 최고치나 최저치를 깨뜨리는 경우에 사용해요. 그리고 '갱신'은 법률관계의 존속 기간이 끝났을 때 그 기간을 연장하는 것을 뜻해요.

• 경신

점수, 기록과 관련

예) 경기에서 기록을 경신하다.

종합 주가 지수가 이미 최저치를 경신하였다.

최고 시청률을 경신했다.

TIP '경기에서 경신하다'로 기억하세요.

• 갱신

문서, 계약과 관련

예) 계약을 갱신하다.

여권을 갱신했다.

갱신 시 보험료가 인상될 수 있습니다.

'경신'과 '갱신'의 한자는 어떻게 될까요? 둘 다 똑같이 '更新'이에요. 更은 '고칠 경', '다시 갱' 이렇게 두 개의 음과 뜻이 있어요. '경신'일 땐 '고칠 경', '갱신'일 땐 '다시 갱'이 돼요!

요즘에 '리즈 경신'이란 말 자주 쓰죠? 외모, 인기, 실력 따위가 과거 절정에 오른 시기를 넘어서 더 나아질 때 쓰는 말인데요, '리즈 갱신'으로 잘못 쓰는 경우가 많아요. '리즈 경신'이 맞는 표현이에요.

오늘도 리즈 경신

참고로 '신기록을 경신하다'는 어색한 표현이에요. '새로운 기록을 새롭게 하다'라는 뜻이라 의미가 중복되거든요. 따라서 '신기록을 세우다'라고 표현하는 걸 추천해요.

🔍 QUIZ

1. 전세 계약을 (경신/갱신)하다.
2. 내일 운전면허 (경신/갱신)하러 가야 해.
3. 한국 양궁팀이 올림픽에서 세계 기록을 (경신/갱신)했다.

정답 : 1. 갱신 2. 갱신 3. 경신

29

선물 택배로
부쳤어/붙였어

'붙이다'와 '부치다'는 발음이 같아서 많이 헷갈리는 말이에요. '붙이다'는 '붙게 하다'라는 뜻으로 '우표를 편지 봉투에 붙이다'와 같이 사용해요.

'부치다'는 '편지나 물건을 다른 사람에게 보내다'라는 뜻으로 '택배를 부치다'와 같이 사용해요.

'붙이다'를 '붙히다'로 쓰는 경우도 있는데요, '붙히다'는 아예 틀린 표현이에요.

• 붙이다

맞닿아 떨어지지 않게 하다.

예) 편지봉투에 우표를 붙이다.

잠깐 눈 좀 붙여!

장작에 불을 붙였다.

• 부치다

편지나 물건을 다른 사람에게 보내다.

예) 택배를 부치다.

지금 용돈 부칠게.

쉽게 구분하는 방법 알려 드릴게요. '붙게 하다'를 대입해 의미가 통하면 '붙이다'를 써주고, 그 외에는 '부치다'를 쓰면 돼요!

택배를 붙이다/부치다 … **택배를 붙게 하다 (?)**

말이 안 되니까 정답은 '부치다'입니다.

벽으로 밀어 붙이다/부치다 … **벽으로 밀어 붙게 하다**

'벽으로 밀어 붙게 하다' 말이 되네요. 따라서 정답은 '붙이다'입니다.

🔍 QUIZ

1. 엄마, 용돈 넉넉히 (부쳤어요/붙였어요).
2. 넌 내 마음에 불을 (부쳤어/붙였어).
3. 나 훈민이랑 사귀는 거 비밀에 (부쳐 줘/붙여 줘)!
4. 벽에 포스터를 (부쳤다/붙였다).

정답 : 1. 부쳤어요 2. 붙였어 3. 부쳐 줘 4. 붙였다

내 친구 〈나는 솔로〉
출연/출현한대

'출연'과 '출현'은 비슷하게 생겨서 많이 헷갈리는 말이죠? '출연出演'의 '연'은 '演(펼 연)'으로 '연기演技'의 '연'과 같은 한자를 써요. 그래서 연기, 공연, 연설 따위를 하기 위해 무대나 연단에 나가는 것을 뜻하며, '그 드라마에 누구 출연해?'와 같이 쓸 수 있어요.

'출현出現'은 나타나거나 나타나서 보인다는 뜻으로 '도심에 멧돼지 출현!'과 같이 쓰여요. '출현'의 '현'이 '現(나타날 현)'이라는 걸 기억하면 안 헷갈리겠죠?

- **출연**出演

연기, 공연, 연설 따위를 하기 위해 무대나 연단에 나가는 것

예) 〈범죄 도시〉에는 마동석이 출연한다.

- **출현**出現

나타나거나 나타나서 보이는 것

예) 긴급 상황에 마동석이 출현해 흉악범들을 죄다 때려잡았다.

🔍 QUIZ

1. 난 꼭 유퀴즈에 (출연/출현)할 거야!
2. 서울에 야생 곰이 (출연/출현)해서 난리가 났다.

정답 : 1. 출연 2. 출현

네가 맡은 **역할/역활**이 가장 중요해

'역할'과 '역활' 중 어떤 게 맞을까요? 직책이나 임무를 뜻하는 말은 '역할'이에요. '역활'은 사전에 없는 말이니 굳이 획수를 추가해서 틀리진 말자고요. 그래도 헷갈린다면 이렇게 기억해요.

역전 할맥

저는 앞으로 제 역할에 맞게 더 쉽고 재밌게 맞춤법을 알려 드리도록 노력할게요!

> 🔍 **QUIZ**
> 아이에겐 부모의 (역활/역할)이 중요해!
>
> 정답 : 역할

굳이/구지/궂이
그래야만 했니?

'굳이'는 [구지]라고 발음돼서 '구지'나 '궂이'로 잘못 쓰는 경우가 많은데요, '굳이'는 '굳다'에서 나온 말로 '굳이'가 바른 표기예요.

그런데 '굳이'는 왜 [구디]가 아닌 [구지]로 발음할까요? 'ㄷ', 'ㅌ' 받침은 모음 'ㅣ'와 만나면 'ㅈ', 'ㅊ'으로 발음되기 때문이죠. 이런 현상을 구개음화라고 해요.

받침 'ㄷ' + ㅣ = ㅈ	받침 'ㅌ' + ㅣ = ㅊ
굳이 → [구지]	끝이 → [끄치]
맏이 → [마지]	같이 → [가치]
해돋이 → [해도지]	밑이 → [미치]

그럼, 사람들이 자주 틀리는 발음을 같이 연습해 볼까요? 입에 붙도록 소리 내어 읽어 주세요. 참고로 구개음화 현상이 적용된 경우는 문장 뒤에 '구', 연음 법칙이 적용된 경우 '연'이라고 표시했어요.

- **끝**

끝이[끄치] 보이지 않아. (구)

이 소설의 끝을[끄틀] 다시 써보려 해. (연)

벼랑 끝에[끄테] 서 있는 기분이야. (연)

- **숱**

머리숱이[수치] 적다. (구)

숱을[수틀] 치다. (연)

머리숱에[수테] 따라 인상이 달라진다. (연)

- **빗, 빚, 빛**

머리 좀 빗으로[비스로] 빗어라! (연)

말 한마디로 천 냥 빚을[비즐] 갚는다. (연)

얼굴에서 빛이[비치] 난다. (연)

- **낮, 낯**

겨울철은 낮이[나지] 짧다. (연)

제가 낯을[나츨] 가려서요. (연)

낯이[나치] 익은데, 우리 어디서 봤나요? (연)

- **꽃**

꽃을[꼬츨] 좋아해요. (연)

꽃이[꼬치] 참 예쁘다. (연)

꽃에[꼬체] 물을 주다. (연)

🔎 QUIZ

(구지/굳이/굿이) 그래야만 속이 후련해?

정답 : 굳이

33
금세/금새
마음이 바뀌었어?

'금세'를 '금새'로 잘못 쓰는 경우가 많은데요, '금세'가 '그새'와 비슷하게 생겼기 때문이죠.

'금세'는 '금시에'를 줄인 말이고, '그새'는 '그사이'를 줄인 말이에요. '요새'와 '밤새'도 '요사이'와 '밤사이'의 줄인 말이에요. 예문으로 알아볼까요?

금세(=시에) 사랑에 빠졌다.

요새(=사이) 보기가 힘드네?

밤새(=사이) 공부했어.

그새(=사이) 많이 컸구나?

그래도 헷갈린다면 세모 모양 금을 떠올려 보세요! 금세모! 금세모!

유치하다고요? 원래 유치한 게 기억에 오래 남는 법이에요. 유치했던 첫사랑처럼 말이에요.

> 🔍 **QUIZ**
>
> 1. (금세/금새) 사랑에 빠진 우리.
> 2. (밤세/밤새) 네 생각만 했어.
> 3. 너 (요세/요새) 썸 타는 사람 있어?
> 4. 넌 (그세/그새) 날 잊은 거니?
>
> 정답 : 1. 금세 2. 밤새 3. 요새 4. 그새

34
사흘/4일 뒤에 봐요

8월 15일부터 17일까지 사흘간 황금연휴

2020년에 '사흘'이 실시간 검색어에 오른 일이 있어요. 8월 17일이 임시공휴일로 지정되면서 8월 15일부터 17일까지 3일간 쉬게 되어 '사흘간 황금연휴'라는 기사가 나가자, 연휴가 3일인지, 4일인지 헷갈린다는 사람들이 많았기 때문이죠. '사흘'의 '사'를 숫자 '4'로 착각한 건데요, '사흘'은 순우리말로 '세 날'을 뜻해요. '4일'을 뜻하는 말은 '나흘'이에요. 사나흘이란 말 들어보셨죠? 사나흘은 3일이나 4일을 뜻하는 말이에요.

또 '이틀'을 '2틀'이라고 쓰는 분도 있는데요, '이틀' 역시 순우리말로 숫자 2와는 아무 상관이 없어요. '2틀'은 틀린 표기예요.

1일	2일	3일	4일	5일
하루	이틀	사흘	나흘	닷새
6일	7일	8일	9일	10일
엿새	이레	여드레	아흐레	열흘

1루, 2틀, 4흘, 10흘 금지! 참고로 '글피'는 '모레의 다음 날'을 뜻해요. 오늘, 내일, 모레, 글피!

> 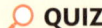 **QUIZ**
> 오늘 월요일이니까 사흘 뒤는 (목요일/금요일)이네!
>
> 정답 : 목요일

35
금일/금요일까지 제출해야 해

문해력 논란을 일으킨 대표적인 어휘인 금일今日은 금요일金曜日이 아니라 '오늘'을 뜻하는 말이에요. 금일이 금요일이면, 월요일은 '월일', 화요일은 '화일'이게요? 시간과 날짜를 표현하는 한자어를 한 방에 정리해 볼게요.

뜻	한자어	한자
어제	작일	昨日
지난주	작주	昨週
	선주	先週
오늘	금일	今日
이번 주	금주	今週
내일	명일	明日
다음 주	내주	來週
	차주	次週
특정한 날을 기준으로 한 바로 앞 날	전일	前日
특정한 일이 있는 바로 그날	당일	當日
어느 날 뒤에 오는 날	익일	翌日

🔍 QUIZ

1. 금일은 (오늘/금요일)을 뜻한다.
2. 차주는 (이번 주/다음 주)를 뜻한다.

정답 : 1. 오늘 2. 다음 주

이것까지 알면 좀 배운 사람

이런 **설렘/설레임**은 처음이야

책이 출간되어 지금 여러분이 읽고 있다고 생각하니 매우 설레네요. 이런 설렘은 정말 처음이에요. '설렘'이란 단어 자체가 참 설레게 생기지 않았어요?

그런데 '설렘'을 '설레임'으로 잘못 쓰는 경우가 정말 많아요. 아이스크림 '설레임' 때문일까요? '설레다'의 명사형은 어간 '설레-'에 '-ㅁ'이 합쳐진 '설렘'이 바른 표기예요. 마찬가지로 동사 '설레다'를 '설레이다'로 잘못 쓰는 경우도 많은데요, '이'는 갖다 버려 주세요.

O	X
설렘	설레임
설레다	설레이다
설렜어, 설레었어	설레였어

또 이렇게 피동을 만드는 '이'를 붙여서 자주 틀리는 말이 있어요. 바로 '헤매이다'인데요, '헤매다'가 바른 표기예요. 헤매지 말고 '이'는 갖다 버리기!

O	X
헤매다	헤매이다
헤맨	헤매인
헤맸다, 헤매었다	헤매였다

끝난 줄 알았죠? 더 있어요.

O	X
날씨가 개다	날씨가 개이다
목이 메다	목이 메이다
살을 데다	살을 데이다
몇 번이고 되뇌다	몇 번이고 되뇌이다

🔍 QUIZ

1. 넌 날 (설레게/설레이게) 한다.
2. 나 지금 데이트할 생각에 한껏 (설렘/설레임).
3. 난 여행 가기 전이 더 (설레이더라/설레더라).
4. 길을 (헤매다/헤매이다).
5. 날씨가 활짝 (개었다/개였다).

정답 : 1. 설레게 2. 설렘 3. 설레더라 4. 헤매다 5. 개었다

37
큰일을
치르다/치루다

'무슨 일을 겪어 내다', '주어야 할 돈을 내주다'라는 의미를 가진 말은 '치르다'일까요, '치루다'일까요?

정답은 '치르다'예요. '치루다'로 잘못 쓰는 경우가 많은데요, '치루'가 있다면 얼른 병원에 가 보세요. 과거형도 '치뤘다'로 혼동하는 경우가 많은데요, 어간 '치르-'에 '-었다'가 결합하면 'ㅡ'가 탈락해 '치렀다'가 돼요. 'ㅡ'는 모음으로 시작하는 어미가 결합하면 대부분 탈락하거든요. 예를 들어, '썼다' 역시 '쓰-'에 '-었다'가 결합하면서 'ㅡ'가 탈락한 것이죠.

- **치르다**

   활용형: 치렀다, 치러, 치르고

   예) 시험을 치르다.

   　　대가를 치렀다.

   　　잔금을 치르는 날이다.

'치르다'와 비슷하게 'ㅡ' 모음인데, 'ㅜ' 모음으로 자주 혼동하는 단어가 있어요. 바로 '잠그다'와 '담그다'인데요, '잠구다', '담구다'로 잘못 쓰는 경우가 많죠. 과거형

역시 '잠궜다', '담궜다'로 잘못 쓰는 경우가 많은데, 어간 '잠그-'와 '담그-'에 '-었다'가 결합하면, 'ㅡ'가 탈락하고 '잠-'과 '담-'의 'ㅏ' 모음을 따라가 '잠갔다', '담갔다'가 돼요. 우리말은 뒤 글자 모음이 앞 글자 모음을 따라가는 경향이 있거든요.

• 잠그다

활용형: 잠갔다, 잠그고, 잠가

예) 문을 잠그다.

　　단추를 잠갔다.

　　가방 좀 잠가 줄래?

• 담그다

활용형: 담갔다, 담그고, 담가

예) 김치를 담그다.

　　계곡물에 발을 담갔다.

　　내가 매실주 담가 줄까?

🔍 QUIZ

1. 큰일을 무사히 (치뤘다/치렀다).
2. 외출 전에 가스 (잠구는/잠그는) 거 잊지 마!
3. 너 주려고 매실청 (담궈/담가) 놨어.

정답 : 1. 치렀다 2. 잠그는 3. 담가

38
내가
넥타이 **매/메** 줄까?

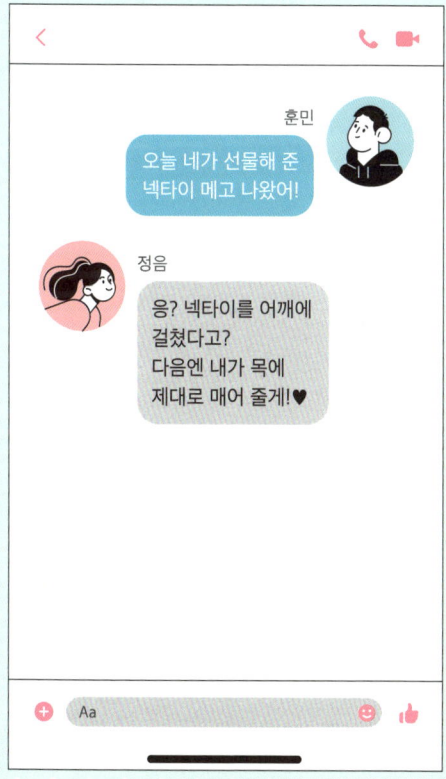

넥타이를 매다? 메다? 뭐가 맞을까요? 정답은 '매다'예요.

'매다'는 '끈이 풀어지지 않게 묶는다'라는 뜻이거든요. '매듭'이 '매다'에서 온 말이라는 걸 알면 기억하기 쉬워요.

그렇다면 '메다'는 언제 쓸까요? '메다'는 쓰임이 다양한데요, 대표적으로 어깨나 등에 물건을 올려놓는다는 뜻으로 쓰여요.

예문으로 자세히 알아볼게요.

• **매다**

끈이 풀어지지 않게 묶다.

예) 넥타이를 매다.

　　신발 끈을 매다.

　　안전벨트를 매다.

> TIP '매듭'은 '매다'에서 온 말! '매'의 'ㅐ'은 'ㅣ'와 'ㅣ'를 가운데 끈이 묶어 주는 모양이죠? 끈으로 묶는 건 '매다'예요.

• 메다

1. 어깨에 걸치거나 올려놓다.

예) 가방을 메다.

> TIP 'ㅔ'의 앞에 튀어나온 부분이 어깨에 걸쳐진 모습을 상상해 보세요!

2. 책임을 지다.

예) 총대를 메다.

> TIP 책임을 지면 어깨가 무거워지죠?

3. 목소리가 잘 나지 않다.

예) 목이 메다.

> TIP 어깨에 걸친 'ㅔ'의 뾰족한 부분이 튀어나와서 목젖까지 닿은 모습 상상! 컥! 목이 메다!

근데 그거 아나요? 목은 '매'기도 하고 '메'기도 한다는 것을요.

• 목매다

1. 죽기 위해 끈으로 높은 곳에 목을 걸어 매달다.

예) 목매 죽다.

2. 어떤 일이나 사람에게 전적으로 의지하다.

예) 그 남자한테 너무 목매지 마!

· 목메다

감정이 북받쳐 솟아올라 그 기운이 목에 엉기어 막히다.

예) 억울함에 목메어 울었다.

여기서 잠깐, 앞에서 '설렘/설레임' 공부할 때 잠깐 언급했었는데요. '목메이다'는 틀린 표현이에요. '목메다'는 자동사라서 피동의 '-이'가 붙을 수 없거든요. '이'는 갖다 버리자! 따라서 '목이 메여서'도 잘못된 표현으로 '목이 메어서'가 맞아요.

O	X
목이 메다	목이 메이다
목이 메어서	목이 메여서

반면에 '목이 매이다'는 맞는 표현인데요, 다른 사람에 의해 목이 매인 경우겠죠? 무섭네요.

> ### 🔍 QUIZ
> 1. 오늘은 큰 가방 (메고/매고) 가야지.
> 2. 리본 예쁘게 (매는/메는) 방법 알아?
> 3. 서러움에 목이 (메였다/메었다/매었다).
> 4. 목이 (메어서/메여서) 더는 못 먹겠어.
> 5. 내가 총대 (메고/매고) 얘기할게!
>
> 정답 : 1. 메고 2. 매는 3. 메었다 4. 메어서 5. 메고

39
네 향기가
나에게 **배다/베다**

'배다'와 '베다'는 발음이 비슷해서 많이 헷갈리는 말이죠? '배다'의 대표적인 뜻은 '스며들다'이고, '베다'의 대표적인 뜻은 '자르다'예요. 이외에도 다양한 뜻이 있으니 자세히 알아볼게요.

• 배다

1. 스며들다.

예) 네 향기가 나에게 배다.

2. 익숙해지다.

예) 매일 운동하는 습관이 배었다.

3. 아기를 가지다.

예) 아기를 배다.

> TIP 배는 우리 몸의 일부죠? 배를 만지면서 '몸에 배다'라고 외우면 안 헷갈릴 거예요.

• 베다

1. 자르다.

예) 칼로 무를 베다.

　　네 턱선에 베일 뻔.

2. (베개를) 머리 아래에 받치다.

예) 베개를 베다.

TIP '베개'의 '베'와 '베다'의 '베'가 같은 '베'라는 걸 기억하세요!

여러분! 이쯤에서 퀴즈 하나 내 볼게요.

고기 냄새가 몸에 배였다.

이 문장은 맞을까요, 틀릴까요? 틀렸어요! '배었다'가 바른 표현이에요. '배다'는 피동사가 없어서 '배이다', '배였다'와 같이 쓸 수 없거든요.

그렇다면 이 문장은요?

종이에 손을 베였다.

이 문장은 맞아요. '베다'는 피동 표현으로 쓸 수 있어서 '베이다', '베였다'와 같이 사용할 수 있거든요. 피동 표현이란 다른 무엇에 의해 동작을 당하게 되는 것을 말해요!

O	X
베이다	배이다
베였다	배였다

🔍 QUIZ

1. 그의 웃음엔 장난기가 (배어/베어) 있다.
2. 내 팔 (베고/배고) 잘래?
3. 너와 이별 후 심장이 (배인/베인) 것처럼 아파.
4. 거짓말이 입에 (배였다/배었다/베었다).

정답 : 1. 배어 2. 베고 3. 베인 4. 배었다

나 팔**베개**/**배게**해 줘

'베개'는 정말 헷갈리는 맞춤법이에요. 쓸 때마다 검색한다는 사람도 많더라고요. '베개'의 '-개'가 도구라는 뜻을 더하고 명사를 만드는 접미사라는 걸 알면 더는 검색 안 해도 되겠죠?

베다+개 → 베개

지우다+개 → 지우개

뒤집다+개 → 뒤집개

그래도 헷갈릴 수 있으니 좀 더 원초적으로 알려 드릴게요.

베개를 베고 자는 개를 떠올리세요! 왈왈

🔍 QUIZ

커플 (베개/배게) (베고/배고) 자자!

정답 : 베개, 베고

육개장/육계장
사발면은 못 참지

육개장? 육계장? 어떤 게 맞을까요? 식당에 가면 '육계장'으로 잘못 쓰인 메뉴판이 많이 보이는데요, '육개장'이 바른 표기예요.

그럼 육개장의 어원을 한번 알아볼까요?

'육개장'은 '개장국'에서 비롯된 음식이에요. '개장국'은 흔히 보신탕이라고 불리는 음식으로 개고기를 넣고 끓인 국이죠. 그런데 개고기를 안 먹는 사람들을 위해 소고기를 넣고 개장국처럼 끓인 국이 지금의 '육개장'이 된 거예요. 그래서 육개장의 '개'는 멍멍이를 뜻하는 게 맞아요.

그럼 닭고기를 넣고 개장국처럼 끓인 음식은 '육계장'일까요? 아니에요. 그건 '닭개장'이에요. 이러나저러나 '육계장'은 설 자리가 없는 말이네요.

또 육개장과 함께 자주 틀리는 음식 이름이 있어요. 바로 '찌개'인데요, '찌게'가 아니라 '찌개'가 바른 표기예요. 찌개의 어원은 '찌다'에 접미사 '-개'가 붙은 형태라는 설, 북한에서 찌개를 부르는 말인 '지지개'에서 왔다는 설 등 다양하지만 확정된 건 없어요. 어원이 뭐든 우리가 알아야 할 건 하나예요. '찌개'의 '개'는 'ㅐ'라는 거죠.

엇? '베개, 찌개, 육개장' 모두 '개'네요?

베개, 찌개, 육개장

아주 개판이네요. 이로써 '베개, 찌개, 육개장' 멍멍이 3종 세트가 마무리됐어요.

> 🔍 **QUIZ**
> 1. (육개장/육계장)에는 소고기가 들어가요.
> 2. (닭개장/육계장)에는 닭고기가 들어가요.
> 3. 순두부(찌게/찌개)가 좋아, 된장(찌게/찌개)가 좋아?
>
> 정답 : 1. 육개장 2. 닭개장 3. 찌개, 찌개

나 약속 **파투/파토** 났어

'파란 토끼 주의보'가 뭔지 아시나요? 요즘 MZ 세대들이 단체 소개팅을 파투 내는 방법이랍니다. 상대방의 카톡 프로필 사진을 보고 맘에 안 들면 파란 토끼 사진을 보내고 단톡방을 나와 버린다네요. 하하.

'파란 토끼'를 줄여서 '파토'라는 뜻을 전한다는데, 저는 두 가지 이유로 참 마음에 안 드네요.

첫째, 예의가 없어요.
둘째, '파토'가 아니라 '파투'거든요!

'파투'는 원래 화투 놀이에서 잘못되어 판이 무효가 된다는 말인데, 점차 일이 잘못되어 흐지부지됨을 비유적으로 나타내는 말로 쓰이게 됐어요.

파투! 화투!

이렇게 기억하면 쉽겠죠?

🔍 **QUIZ**

1. 오늘 소개팅 (파투/파토) 났어.
2. 너 한 번만 더 약속 (파토/파투) 내면 진짜 손절이야!
3. 그 모임 진작에 (파투/파토) 났지.

정답 : 1. 파투 2. 파투 3. 파투

43
지금 **트림/트름**한 거야?

'트름'이 아니라 '트림'이 표준어라는 사실 아시나요? '파투'와 '파토'만큼이나 많이 틀리는 맞춤법이죠. 쉽게 기억하는 방법 알려 드릴게요. 썸 타고 있는 이성 앞에서 엄청 크게 트림을 했다고 상상해 보세요! 정말 익스트림한 경험이겠죠?

익스트림한 트림!

> **QUIZ**
> 지금 (용트름/용트림) 한 거야?
>
> 정답 : 용트림

지금 당장
날아갈게/날라갈게

'날면서 가다'라는 말을 '날라가다'로 잘못 쓰는 경우가 많은데요, '날아가다'가 맞는 표현이에요. 따라서 읽을 때도 [날라가다]가 아닌 [나라가다]로 발음해야 하고, 한 단어라서 붙여 써야 해요. '날라 가다'는 '(짐을) 날라서 가다'라는 뜻으로 쓸 수 있으나, 이때는 띄어쓰기를 꼭 해야 해요.

• 날아가다[나라가다]

1. 공중으로 날면서 가다.

예) 철새기 북쪽으로 날아갔다.

2. 몹시 빠르게 움직여 가다.

예) 지금 택시 타고 날아갈게.

3. 가지고 있거나 붙어 있던 것이 허망하게 없어지거나 떨어지다.

예) 밤새 작성한 파일이 날아가다.

참고로 '하늘을 날으는 새'는 틀린 말이에요. '하늘을 나는 새'가 바른 표현이에요. '날다'의 어간 '날-'에 '-는'이 연결될 경우 'ㄹ'이 탈락하거든요.

🔍 QUIZ

1. 연락처가 다 (날아갔어요/날라갔어요).
2. 비행기가 구름 위로 (날라가다/날아가다).
3. 제 특기는 (날아 차기/날라 차기)예요.

정답 : 1. 날아갔어요 2. 날아가다 3. 날아 차기

45
널 사랑한
대가/댓가가 이거니?

'노력이나 희생을 통하여 얻게 되는 결과'를 뜻하는 말은 '대가'일까요, '댓가'일까요? 정답은 '대가'예요. 발음은 [대:까]로 하는데 왜 'ㅅ' 받침이 없을까요? 한자어와 한자어가 결합한 말에는 사이시옷을 쓰지 않기 때문이죠. 대가는 '代(대신할 대)'와 '價(값 가)'가 합쳐진 말이어서 'ㅅ' 받침을 넣지 않아요. '댓가', '갯수', '싯가' 전부 틀린 말입니다.

대가 / 개수 / 시가 (O)
댓가 / 갯수 / 싯가 (X)

- **대가**代價 **[대:까]**
예) 거짓말의 대가를 치러야 할 거야.

- **개수**個數 **[개:쑤]**
예) 개수 좀 세 줘!

- **시가**時價 **[시:까]**
예) 광어회 시가

그런데 예외적으로 다음 한자어 6개만 사이시옷을 씁니다.

곳간庫間, **셋방**貰房, **숫자**數字, **찻간**車間, **툇간**退間, **횟수**回數

이건 암기하도록 해요!

> ### 🔍 QUIZ
> 1. 광어회 (시가/싯가)가 어떻게 돼요?
> 2. 재고품 (개수/갯수) 좀 파악해 줘!
> 3. 날 배신한 (대가/댓가)를 치르게 해 줄게.
>
> 정답 : 1. 시가 2. 개수 3. 대가

얼굴 **부기/붓기**가 안 빠져

얼굴이나 몸이 부종으로 부은 상태를 뜻하는 말은 '붓기'가 아니라 '부기'예요. 병원에서 운영하는 블로그 게시물에도 '부기'보다 '붓기'라고 쓰여 있는 경우가 더 많을 정도로 많이 틀리는 말이에요.

'부기浮氣'를 동사 '붓다'의 명사형이라고 착각하여 '붓+기'라고 쓰기 쉬운데요, 사실 둘은 관련이 없는 말입니다.

또 '부기'는 앞에서 배운 '대가代價'처럼 '한자어+한자어'로 이루어진 말이라서 사이시옷을 쓰지 않아요. 발음할 때도 [부끼]가 아닌 [부기]랍니다!

- **부기**浮氣 [부기]

부종으로 인해 부은 상태

예) 얼굴 부기를 빼다.

　　침을 맞고 발목에 부기가 가라앉았다.

🔍 QUIZ

1. 이거 살 아니거든? 다 (부기/붓기)거든?
2. 열심히 일해 봤자 밑 빠진 독에 물 (부기/붓기)네.
3. (부기/붓기) 빼는 데는 호박 즙이 최고야!

정답 : 1. 부기 2. 붓기 3. 부기

47
숨 막히는 너의 **뒤태/뒷태**

'뒤태'와 '뒷태', 둘 중 뭐가 맞을까요? 정답은 뒤태입니다. 맞춤법 규정에서는 뒤에 거센소리나 된소리가 오면 'ㅅ' 받침을 적지 않는데 'ㅌ'은 거센소리라서 사이시옷을 적지 않아요.

- **거센소리:** ㅍ, ㅋ, ㅊ, ㅌ

  TIP 외쳐 보자, '피카츄 탕'! 외웠죠?

- **된소리:** ㄲ, ㄸ, ㅃ, ㅆ, ㅉ

뒤에 거센소리나 된소리가 와서 사이시옷을 적지 않는 단어들을 더 알아볼게요.

아래쪽, 위층, 아래층, 뒤통수, 뒤끝, 뒤풀이, 뒤처리, 뒤뜰, 뒤편

아, 그래서 '윗플래시'가 아니라 '위플래시'구나! 농담이에요.

🔍 QUIZ

1. (위층/윗층) 소음 때문에 힘들어.
2. 항상 (뒤통수/뒷통수)를 조심할 것! 명심!
3. 선배도 (뒤풀이/뒷풀이) 오세요?
4. 너 진짜 (뒤끝/뒷끝) 있구나?

정답 : 1. 위층 2. 뒤통수 3. 뒤풀이 4. 뒤끝

48
그만 처먹어/쳐먹어!

'처먹다'는 '먹다'를 속되게 이르는 말이죠. 그런데 '쳐먹다'로 잘못 쓰는 경우가 많아요. '처-'는 '마구, 많이'를 뜻하는 접두사예요. 그래서 마구 먹는다는 말은 '처먹다'가 맞아요.

띄어쓰기해서 '쳐 먹다'로는 사용할 수 있는데요, 이때는 '뿌려 먹다'라는 의미로 '소금을 쳐 먹다'와 같이 사용해요.

'쳐'는 '치어'의 준말로 친다는 뜻이에요. 그래서 세게 때려서 부순다는 말은 '쳐부수다'예요.

• 처-

마구, 많이

예) 처먹다, 처자다, 처맞다, 처박다, 처넣다, 처바르다

• 쳐

'치어'의 줄임말, '친다'의 뜻

예) 쳐부수다, 쳐들어가다

우리가 평소에 '처먹다' 같은 상스러운 말을 쓸 일은

없겠지만, 알아 두면 좋겠죠? 아, 갑자기 피곤하네요. 전 그럼 이만 처자러 가 볼게요!

> **QUIZ**
>
> 1. (처들어가기/쳐들어가기) 전에 나와.
> 2. 지금이 몇 신데 아직도 (처자니/쳐자니)?
> 3. 공부 안 하고 게임만 하면 컴퓨터 (처부순다/쳐부순다)!
>
> 정답 : 1. 쳐들어가기 2. 처자니 3. 쳐부순다

49
오늘따라 기분이 축 **처지네/쳐지네**

기분이 처지다? 쳐지다? 어떤 게 맞을까요? 기분이 가라앉는다는 의미를 나타낼 때는 '처지다'가 맞아요. '피부가 처진다'라고 할 때도 '처지다'예요. '처지다'의 다양한 쓰임을 알아볼게요.

· 처지다

1. 위에서 아래로 축 늘어지다.

예) 나이 먹으니까 볼살이 축 처진다.

2. 기분이 가라앉다.

예) 분위기가 왜 이렇게 처져 있어?

　　기분이 처진다.

3. 뒤에 남게 되거나 뒤로 떨어지다.

예) 뒤에 처진 낙오자가 된 기분이야.

'쳐지다'는 무슨 뜻일까요? '쳐지다'는 국어사전에 등재되어 있지 않아요. 그렇다면 '쳐지다'는 아예 없는 말일까요? 아니에요. '치다'의 피동형이 '쳐지다'예요.

• 쳐지다

'치다'의 피동형, 치다 + -어지다

예) 담이 높게 쳐져 있다.

　　오늘은 피아노가 잘 안 쳐진다.

　　키보드 고장 났나? 글자가 왜 안 쳐지지?

　　폐가에 거미줄이 쳐지다.

　　커튼이 쳐지다.

> **TIP** 거미줄/커튼이 아래로 축 늘어져 있다는 뜻을 나타낼 땐 '거미줄/커튼이 처지다'라고 써요.

'쳐지다'의 뜻이 이렇게 많은데 왜 사전에 없는 걸까요? 국립국어원은 보조 동사 '지다'가 붙어 쓰일 수 있는 단어 모두가 사전에 실리는 것은 아니라고 답했어요.

이 기세를 몰아 '뒤처지다'와 '뒤쳐지다'도 알아볼게요. 이 둘은 모두 사전에 등재된 말이지만 의미가 달라요. 쇼펜하우어는 '남들보다 뒤처지는 것 같아도 그냥 해라'라는 명언을 남겼는데요, 이때는 남들과 비교했을 때 뒤로 처진다는 뜻이니까 '뒤처지다'가 맞아요.

'뒤쳐지다'는 '물건이 뒤집혀서 젖혀진다'는 뜻이에요.

오징어 게임에서 딱지가 뒤쳐진 모습을 떠올려 보세요!

• 뒤처지다

어떤 수준이나 대열에 들지 못하고 뒤로 처지거나 남게 되다.

예) 남들보다 뒤처지다.

시대의 변화에 뒤처진 생각

• 뒤쳐지다

물건이 뒤집혀서 젖혀지다.

예) 화투짝이 뒤쳐지다.

강풍 때문에 우산이 뒤쳐졌다.

일상생활에서는 '뒤쳐지다' 대신 '뒤집어지다'라는 말을 많이 쓰죠.

이렇게 '처먹다'에 이어서 헷갈리는 '처'와 '쳐' 정리가 끝났어요. 그럼 배운 걸 활용해서 문장 하나 만들고 끝낼게요.

뒤처진다는 걱정만 하면서 정작 아무것도 안 하고 처먹고 처자기만 하면 바뀌는 건 없다!

> ### 🔍 QUIZ
>
> 1. 요즘 운동 안 해서 엉덩이가 (처졌어/쳐졌어).
> 2. 시대의 변화에 (뒤처진/뒤쳐진) 생각은 그만!
> 3. 축 (처진/쳐진) 아버지의 어깨.
> 4. 바람에 현수막이 (뒤처졌다/뒤쳐졌다).
>
> 정답 : 1. 처졌어 2. 뒤처진 3. 처진 4. 뒤쳐졌다

나랑 **결혼율/결혼률**
상승에 이바지할래?

언제 '-율'과 '-률'을 붙이는지 헷갈리세요? 이거 생각보다 정말 간단해요. 앞말에 받침이 없거나 'ㄴ' 받침이 오면 '-율', 'ㄴ' 받침 외에 다른 받침이 오면 '-률'을 붙이면 돼요.

1) 앞말에 받침이 없거나 'ㄴ' 받침으로 끝나면 '-율'

예) 비율, 증가율, 실패율, 이자율

　　결혼율, 출산율, 환율, 백분율

7) 앞말이 'ㄴ' 받침을 제외한 다른 받침으로 끝나면 '-률'

예) 확률, 경쟁률, 상승률, 성장률, 취업률, 출석률

그럼 같이 연습해 볼까요?

출산율 vs 출산률
앞말에 'ㄴ' 받침이 있다. 정답은 '출산율'

확율 vs 확률
앞말에 'ㄴ' 받침 외에 다른 받침이 있다. 정답은 '확률'

시청율 vs 시청률

앞말에 'ㄴ' 받침 외에 다른 받침이 있다. 정답은 '시청률'

어때요? 참 쉽죠?

참고로 '열'과 '렬'에도 같은 규칙이 적용돼요.

행열 vs 행렬

앞말에 'ㄴ' 받침 외에 다른 받침이 있다. 정답은 '행렬'

분열 vs 분렬

앞말에 'ㄴ' 받침이 있다. 정답은 '분열'

🔍 QUIZ

1. 우리가 결혼할 (확율/확률)은?
2. 청약 (경쟁율/경쟁률)이 치열했다.
3. 너 (비율/비률) 진짜 좋다.
4. 지금 (환율/환률) 얼마야?

정답 : 1. 확률 2. 경쟁률 3. 비율 4. 환율

51
사실 **재작년/제작년**부터 널 좋아했어

지지난해를 뜻하는 말은 '재작년'일까요, '제작년'일까요? 정답은 '재작년'이에요. 이거 은근히 많이 틀리더라고요. 한자를 알면 쉬운데요, '재작년'의 '재'는 '再(다시 재)'를 써서 '다시 작년'이란 뜻이에요. 이 '再(다시 재)'가 들어간 말로는 '재회', '재입대', '재시험', '재활용' 등이 있어요.

재작년에 재회

이렇게 기억하면 절대 안 잊어버리겠죠?

-3	-2	-1	0	+1	+2	+3
재재작년	재작년	작년	올해 (금년)	내년	후년	내후년

> 🔍 **QUIZ**
>
> 사실 (제작년/재작년)부터 널 짝사랑했어.
>
> 정답 : 재작년

너희 둘이 **사귀어/사겨?**

보통 '너희 둘이 사겨?'처럼 많이 쓰지만, '사겨'가 아닌 '사귀어'가 바른 표현이에요. 그런데 사실 '사귀어'라고 말하거나 쓰는 사람을 찾아보기 힘들죠. 그럴 때일수록 '사귀어'라고 쓴다면 공부한 티를 팍팍 낼 수 있겠죠?

'사귀다'의 어간인 '사귀-'와 어미 '-어'가 결합한 말은 '사귀어'예요. 여기서 더 줄일 수 없어서 '사겨'는 틀린 표현이에요.

마찬가지로 '사겼다'도 틀린 말이에요. 어간 '사귀-'에 '-었다'가 결합한 '사귀었다'가 바른 표현이에요. 어간 절대 지켜!

그런데 '사겨'보다 더한 것이 있었으니, 그것은 바로 '사궈'! 이 말을 처음 봤을 때 '훠궈도 아니고 사궈는 뭐지?'라고 생각했는데 알고 보니 유행하는 밈이더라고요. 제가 장담하는데 '사궈'가 맞는 줄 알고 쓰는 친구도 분명 있었을 거예요. 안 그래도 요즘 MZ 세대의 문해력 저하가 심각한 상황인데, 틀린 맞춤법 밈까지 유행이라니 걱정이 되! 아, 죄송합니다. 걱정이 돼! '돼'가 문장 끝에 올 땐 무조건 '돼'!

🔍 QUIZ

1. 나 사실 누리랑 (사겨/사귀어).
2. 전 여자 친구랑 1년 정도 (사겼어/사귀었어).
3. 선배, 우리 오늘부터 (사겨요/사귀어요).

정답 : 1. 사귀어 2. 사귀었어 3. 사귀어요

이상형이 바뀌었어/바꼈어?

너 얼굴이 뭔가 바꼈는데?

생각이 바꼈다.

그새 남자 친구가 또 바꼈니?

위 세 문장은 모두 틀린 표현이에요. '바꼈다'가 아니라 '바뀌었다'가 맞아요. 동사 '바뀌다'의 어간 '바뀌-'에 '-었다'가 결합하면 '바뀌었다'가 되는데 여기서 더 줄일 수 없으니 '바꼈다'는 틀린 표현이에요. 앞에서 배운 '사귀었다'와 비슷하죠? 어간 절대 지켜! 그럼 틀린 문장을 맞게 고쳐 볼까요?

너 얼굴이 뭔가 바뀌었는데?

생각이 바뀌었다.

그새 남자 친구가 또 바뀌었니?

마찬가지로 '할켰다'도 틀린 표현이에요. 기본형 '할퀴다'의 어간 '할퀴-'를 살린 '할퀴었다'가 바른 표현이에요.

정리하면 이렇습니다!

O	X
사귀었다	사겼다
사귀어	사겨
바뀌었다	바꼈다
바뀌어	바껴
할퀴었다	할켰다
할퀴어	할켜
(방귀를) 뀌었다	꼈다
(방귀를) 뀌어	껴

🔍 QUIZ

1. 이별의 후유증으로 밤낮이 (바꼈다/바뀌었다).
2. 집에서 시원하게 방귀를 (꼈다/뀌었다).
3. 친구와 휴대폰이 (바뀌어/바껴) 버렸다.

정답 : 1. 바뀌었다 2. 뀌었다 3. 바뀌어

바람**피우면/피면** 안 돼

둘 중 맞춤법이 틀린 사람이 있어요. 누굴까요? 역시 훈민인데요, '바람피면'이 아니라 '바람피우면'이 바른 표현이에요.

이렇게 '바람을 피다', '담배를 피다'로 잘못 쓰는 경우가 많은데요, '바람을', '담배를'이라는 목적어가 있으므로 타동사인 '피우다'를 써야 해요. 그렇다면 '피다'는 언제 사용할까요?

'꽃이 피다'처럼 목적어가 필요 없는 문장에서 사용해요. 꽃은 스스로 피니까요.

• **피우다**

타동사로 목적어가 필요하다.

예) 바람을 피우다.

담배를 피우다.

소란을 피우다.

말썽을 피우다.

딴청을 피우다.

게으름을 피우다.

불을 피우다.

• 피다

자동사로 목적어가 필요 없다. (스스로 필 수 있는 것들)

예) 꽃이 피다.

　　곰팡이가 피다.

　　보푸라기가 피다.

그렇다면 '밤새다'와 '밤새우다' 중엔 뭐가 맞을까요? 둘 다 맞지만 뜻이 달라요. '밤새다'는 밤이 지나 날이 밝아 온다는 뜻으로 자연 현상이죠. '밤새우다'는 자지 않고 밤을 세우는 것으로 자연 현상이 아닌 의지가 들어가요. 그리고 둘 다 한 단어라서 붙여 써야 해요.

🔍 QUIZ

1. 자기야, 바람 안 (필/피울) 거지?
2. 코트에 보푸라기가 (폈다/피웠다).
3. 너 왜 딴청 (펴/피워)?

정답 : 1. 피울 2. 폈다 3. 피워

55
내가 **잘할게/잘할께**

'-ㄹ게'는 어떤 행동에 대한 약속이나 의지를 나타내는 종결 어미예요. [께]라고 발음해서 '잘할께', '믿어볼께'처럼 쓰는 경우가 많지만, '잘할게', '믿어볼게'가 바른 표기예요.

우리가 일상생활에서 자주 쓰는 말이니 꼭 기억해 주세요. 자신 없다면 이렇게 기억해 볼래요?

내가 꽃게 사줄게!

🔍 QUIZ

1. 평생 너만 (사랑할게/사랑할께).
2. 이번엔 진짜 담배 (끊을게/끊을께).
3. 진심으로 사과(드릴게요/드릴께요).

정답 : 1. 사랑할게 2. 끊을게 3. 드릴게요

56
네 돈도 내 **거/꺼**고
내 돈도 내 **거/꺼**야

배우 최민수 님과 아내 강주은 님의 대화를 가져왔어요. 저는 '네 거도 내 거고 내 거도 내 거야'라는 말이 재밌어서 영상을 몇 번이나 돌려 봤는데요, 나중에 다른 방송에서 강주은 님이 말하길 그 말은 '단순히 돈뿐만 아니라 상대방의 모든 안 좋은 일과 짐도 다 내 거'라는 뜻이었대요. 정말 닮고 싶은 부부예요.

소유를 나타내거나 사물, 일, 현상 따위를 추상적으로 이르는 말인 '거'는 [꺼]라고 발음되지만, 쓸 때는 '거'라고 써야 해요. 그래서 '넌 내 꺼야'가 아니라 '넌 내 거야'가 바른 표기에요.

'친구라도 될 걸 그랬어'의 '걸'도 [껄]로 발음되지만, '걸'로 표기해야 해요. 이로서 'ㄲ'으로 발음되지만, 'ㄱ'으로 표기하는 삼총사 '게', '거', '걸' 정리가 끝났어요!

내가 잘할게요.

넌 내 거야!

그냥 고백해 볼걸!

그렇다면 '거'와 '것'의 차이점은 뭘까요? 문법상 차이도 없고, 의미도 같아요. 다만, '거'는 구어체에서 많이 쓰이며, 공식적인 문서에는 '것'으로 쓰는 것이 적절해요.

> **QUIZ**
>
> 1. 그 가방 제 (거/꺼)예요.
> 2. 다 잘 될 (거야/꺼야).
> 3. 잘해 줄 (껄/걸) 그랬어.
>
> 정답 : 1. 거 2. 거야 3. 걸

57
희한/희안하게 자꾸 너한테 끌려

'희한하다'를 '희안하다'로 잘못 쓰는 경우가 정말 많은데요, '희한하다'가 바른 표기예요. '희한하다'는 '매우 드물거나 신기하다'라는 뜻으로 다음과 같이 쓰여요.

그 옷은 희한하게 생겼다.

우린 참 희한한 인연이야.

오래 사니 별 희한한 일을 다 겪네.

너 말을 참 희한하게 한다?

쉽게 기억하는 꿀팁 알려 드릴게요! 'ㅎ'이 연달아 오는 것을 기억하세요.

희한

그리고 말할 때도 [히한하다]로 발음하는 거 잊지 마세요. 평소에 바르게 발음하면 쓸 때도 안 헷갈릴 거예요.

🔍 QUIZ

1. 널 만나고 (희안/희한)한 일들이 계속 생겨.
2. 이 (희한/희안)하게 생긴 물건은 어디에 써?

정답 : 1. 희한 2. 희한

라면 **붇기/불기** 전에 얼른 와!

라면이 '붇다'일까요, '불다'일까요? 조금 생소할 수도 있지만, '붇다'가 정답이에요. 물에 젖어서 부피가 커진다는 말은 '붇다'거든요. '불다'는 '바람이 불다'라고 할 때 써요. 그런데 왜 잘못 쓰는 경우가 많을까요? '붇다'는 활용할 때 '불은', '불었어'처럼 모음으로 시작하는 어미가 오면 'ㄷ'이 'ㄹ' 받침으로 바뀌기 때문에 이걸 'ㄷ 불규칙 활용'이라고 해요. 반면에 '붇기'처럼 자음으로 시작하는 어미가 오면 원형 그대로 '붇'으로 써요.

· 붇다

1. 자음으로 시작하는 어미가 올 때

예) 붇기, 붇는, 붇고, 붇습니다

2. 모음으로 시작하는 어미가 올 때 'ㄹ' 받침으로 변환

예) 불은, 불어, 불으니, 불었다

또 '붇다'는 '물에 젖어 부피가 커지다'라는 뜻뿐만 아니라 '분량이나 수효가 많아지다', '살이 찌다'의 뜻도 있어요.

체중이 분다.

재산이 분다.

몸이 많이 불었다.

또 'ㄷ 불규칙 활용'을 하는 동사에는 어떤 것이 있을까요? '깨닫다'도 '붇다'처럼 'ㄷ 불규칙 활용'을 하는데요, 모음으로 시작하는 어미가 오면 '깨달아', '깨달으니', '깨달음'처럼 'ㄹ' 받침으로 바뀌어요. 특히 '깨달음'을 '깨닫음'도 아닌 '깨닳음'으로 잘못 사용하는 경우가 많은데, 닳긴 뭐가 닳아요.

> ## 🔎 QUIZ
> 1. 라면이 (분고/불고) 있어!
> 2. 난 (분은/불은) 라면이 더 맛있더라!
> 3. 너의 빈자리가 크다는 걸 (깨닫았어/깨달았어).
> 4. 큰 (깨달음/깨닫음/깨닳음)을 얻었어요.
>
> 정답 : 1. 분고 2. 불은 3. 깨달았어 4. 깨달음

59
네 고백
받아들일게/받아드릴게

'받아들이다'를 '받아드리다'로 잘못 쓰는 경우가 많은데요, 먼저 '들이다'와 '드리다'부터 알아볼게요.

'들이다'는 '안으로 오게 하다'라는 뜻으로 '손님을 집에 들이다'와 같이 사용하고, '드리다'는 '주다'의 높임말로 '선생님께 선물을 드리다'와 같이 사용해요. 그래서 수용한다는 말은 '받아들이다'가 맞아요. 또 '받아들이다'는 합성어(받다+들이다)로 사전에 등재된 한 단어라서 꼭 붙여 써야 해요. 그렇다면 '받아드리다'는 아예 틀린 표현일까요?

'받아 드리다'는 물건을 받아서 준다는 뜻으로 쓸 수 있어요. 이렇게 '주다'의 높임말인 '드리다'를 보조 동사로 활용한 경우 '받아 드리다'로 띄어 쓰는 것이 원칙이나 '받아드리다'로 붙여 쓰는 것도 허용이 돼요. 그렇지만 '받아들이다'와 혼동될 수 있으니 띄어 쓰는 것을 추천해요.

- **받아들이다**

이해하고 수용하다.

예) 친구의 조언을 받아들이다.

현실을 받아들였다.

• 받아 드리다

물건을 받아서 드리다.

예) 택배를 대신 받아 드리다.

🔍 QUIZ

1. 네 고백 받아(들일게/드릴게).
2. 택배 대신 받아 (들일게요/드릴게요).
3. 우리가 헤어졌다는 사실을 받아(들였다/드렸다).

정답 : 1. 들일게 2. 드릴게요 3. 들였다

네가 행복하길 **바라/바래**

바라? 바라요? 좀 어색하죠? 그런데 모두 맞는 표현이에요. 하지만 현실에서는 '바램', '바래요'로 잘못 사용하는 경우가 대부분이죠. 노래 가사마저도 다 '바래'라고 하다 보니 '바라요'라고 하는 사람은 매우 드물어요.

'바래다'는 '색이 희미해지다', '배웅하다'라는 뜻으로 '바라다'와는 전혀 다른 말이에요!

• 바라다: 희망하다

활용형: 바람, 바라, 바라요, 바랐어, 바랄게, 바랍니다

예) 힙격하길 바라요.

나의 바람이 이루어질까?

좋은 하루 보내길 바랄게.

• 바래다: 색이 희미해지다, 배웅하다

예) 티셔츠의 색이 바래다.

집에 바래다 줄게.

그래도 너무 어색해서 '바라', '바라다'라고는 못 쓰겠단 분들에게 해결책을 드리지요. '바랄게', '바랄게요', '바

랍니다'를 사용하시면 돼요!

제 해결책이 맘에 들었길 바라요.

> 🔍 **QUIZ**
>
> 1. 네 꿈 꼭 이루길 (바래/바라).
> 2. 그건 너의 이기적인 (바램/바람)일 뿐!
> 3. 저보다 좋은 사람 만나길 (바라요/바래요).
>
> 정답 : 1. 바라 2. 바람 3. 바라요

61
나 얼마큼/얼만큼 사랑해?

앞의 대화에서 맞춤법이 틀린 곳을 찾아보세요. 바로 '얼만큼'인데요, '얼마큼'이 바른 표기예요. 괜찮아요? 많이 놀랐죠? 이미 알고 있었다면 당신을 맞춤법 고수로 인정합니다.

'얼마큼'은 '얼마만큼'의 줄임말로 '얼마'는 그대로 살리고, '만'을 생략해서 '얼마큼'이 돼요.

얼마+(만)큼 …» 얼마큼

'얼마큼'이 어색하다면, '얼마만큼'이나 '얼마나'를 사용하세요!

내가 널 얼마만큼 생각하는지 알아?
나 얼마나 보고 싶어?

> 🔍 **QUIZ**
> 나 (얼마큼/얼만큼) 좋아해?
>
> 정답 : 얼마큼

62
다른 사람과의 비교는
지양/지향해 줘

'지향'과 '지양'은 생김새도 발음도 비슷하지만, 뜻은 정반대예요. '지향'은 '어떤 목표로 뜻이 쏠리어 향하다'라는 의미로 '다이어트를 위해 소식을 지향한다'와 같이 사용해요. '지향'은 '향하는 것'이라고 기억하면 쉬워요.

'지양'은 '더 높은 단계로 오르기 위해 어떠한 것을 하지 않는 것'을 뜻하며, '다이어트를 위해 탄수화물을 지양한다'와 같이 쓸 수 있어요.

- **지향하다: 향하다 Go!**

예) 넌 참 미래 지향적이야!
　　난 미니멀 라이프를 지향해!
　　나의 지향점은 바로 너!

- **지양하다: 안 하다 Stop!**

예) 건강을 위해 과도한 음주를 지양하자!
　　무분별한 줄임말 사용을 지양해 주세요.
　　악플 다는 것을 지양해야 한다.

'지향'과 '지양'을 함께 넣어 문장을 만들어 볼게요.

연인에게 과도한 집착은 지양하고,

서로를 존중하는 건강한 연애를 지향하자.

나쁜 말 사용은 지양하고, 고운 말 사용을 지향하자.

폭력은 지양하고, 평화를 지향하자.

이제 확실히 이해가 되죠?

🔍 QUIZ

1. 함부로 남을 욕하는 건 (지향/지양)하자.
2. 우리는 더 나은 미래를 (지향/지양)해야 한다.
3. 쉽게 포기하는 태도를 (지양/지향)하자.
4. 난 언제나 긍정적인 태도를 (지향/지양)해!

정답 : 1. 지양 2. 지향 3. 지양 4. 지향

63
넌 내 거라는 거
염두에/염두해 둬

'염두해 두다'와 '염두에 두다' 중 뭐가 맞을까요? 정답은 '염두에 두다'예요. '염두'의 뜻을 알면 쉬운데요, '염두'는 '마음속'이나 '생각의 맨 처음'을 뜻하는 말이에요. '염두' 대신 '마음속'을 넣어 볼까요?

염두해 두다 ⋯ 마음속해 두다 (?)

말이 안 되죠? 그래서 '염두에 두다'가 맞는 말이라는 거 염두에 두세요.

- **염두**念頭

마음속, 생각의 맨 처음

예) 염두에 두다, 염두에 둔 결정

🔍 QUIZ
1. 나를 결혼 상대로 (염두에/염두해) 두고 있다고?
2. 내가 항상 지켜보고 있다는 거 (염두에/염두해) 둬!

정답 : 1. 염두에 2. 염두에

닦달/닥달 좀 그만해!

누가 닦달하면 하고 싶었던 일도 할 마음이 싹 사라지죠? 특히 사랑은 더 그렇더라고요. 사람의 마음은 닦달한다고 얻을 수 있는 게 아니니까요.

그런데 '닦달'이 동사 '닦다'에서 온 말이라는 거 아세요? 바닥을 미친 듯이 닦는 모습을 상상해 보세요. 닦달하는 모습 같죠? 그리고 생긴 것도 '닥달'보단 쌍기역 받침인 '닦달'이 더 닦달하게 생겼네요.

• 닦달

남을 단단히 윽박질러서 혼을 냄

'닦다'에서 온 말

'깎다' 역시 '깍다'로 잘못 쓰는 경우가 많은데요, 쌍기역 받침인 '깎다'가 바른 표현이에요.

🔍 QUIZ

1. 엄마가 빨리 결혼하라고 (닦달/닥달)하셔.
2. 산책하러 가자고 (닦달/닥달)하는 강아지.
3. 자존감을 (깍는/깎는) 사람은 손절하자.

정답 : 1. 닦달 2. 닦달 3. 깎는

65
너 얼굴에 뭐 묻었어/물었어

세종: 아까 나 왜 빤히 쳐다봤어?

누리: 얼굴에 잘생김이 묻어서요...

세종: '뭍'이 아니라 '묻'!

누리: 앞으로 아무것도 묻지 마세요.

세종: 그것도 '뭍'이 아니라 '묻'!

얼굴에 잘생김이 '묻다'일까요, '뭍다'일까요? '묻다'가 맞아요. '뭍다'는 아예 존재하지 않는 말이에요. '묻다'에는 뜻이 참 많은데요, 예문으로 알아볼게요.

• 묻다

1. 다른 사물에 흔적을 남기다.

예) 옷에 잉크가 묻었어.

2. 질문하다.

예) 인스타 아이디를 묻다.

3. 감추어 드러나지 않게 하다.

예) 첫사랑을 가슴에 묻었다.

모두 다 '묻다'라는 거 기억하세요. '뭍다'는 아예 틀린 말! 다만, '뭍'이라는 명사는 존재하는데요, '지구의 표면에서 바다를 뺀 나머지 부분' 혹은 '섬이 아닌 본토'를 뜻하는 말로 '배가 뭍에 도착했다'와 같이 쓰여요.

🔍 QUIZ

1. 땅에 타임캡슐을 (묻었다/묻었다).
2. 헤어진 이유를 (묻다/묻다).
3. 너 옷에 국물 (묻었어/묻었어).
4. 가슴속에 비밀을 (묻다/묻다).

정답 : 1. 묻었다 2. 묻다 3. 묻었어 4. 묻다

실례/신뢰를
무릅/무릎쓰고 말씀드려요

밤늦게 신뢰를 무릎쓰고 연락 드려요.

이 짧은 문장에 맞춤법을 두 개나 틀렸네요. 잦은 맞춤법 실수는 '신뢰'를 잃게 할 수 있어요. 양해를 구할 때는 'excuse me'의 뜻인 '실례'를 써야 해요.

또 힘들고 어려운 일을 참고 견딘다는 뜻의 '무릅쓰다'는 신체에 있는 '무릎'이 아닌 '무릅'을 써야 해요. 밤늦게 연락한 게 실례긴 해도 '무릎'까지 쓸 필요는 없어요.

> ### 🔍 QUIZ
> 1. 부끄러움을 (무릎/무릅)쓰고 그녀에게 고백했다.
> 2. 네 거짓말로 우리 사이의 (신뢰/실례)가 깨졌어.
> 3. (실례/신뢰)를 무릅쓰고 말씀드려요.
>
> 정답 : 1. 무릅 2. 신뢰 3. 실례

67
같은 꿈을
쫄는/쫓는 우리

'좇다'는 '추구하다'라는 뜻으로 주로 '꿈, 목표, 이상'과 같이 추상적인 말과 함께 쓰여요. '꿈을 쫓다'라고 하면 꿈을 몰아내 버린다는 뜻이에요. 꿈은 소중하니까 몰아내 버리면 안 되겠죠? 그런데 '좇다'는 좀 어색하죠? 사람들이 '좇다'를 써야 할 때도 '쫓다'로 쓰는 경우가 많기 때문이죠. 아무래도 '좇다[졷따]'의 발음이 좀 민망해서일까요?

'쫓다'는 '잡으러 가다', '몰아내다'라는 뜻으로 주로 물리적인 행동을 포함해요.

- **좇다**

(주로 추상적인 대상을) 추구하다, 따르다, 눈길을 보내다

예) 유행을 좇다.

　　아버지의 의견을 좇았다.

　　내 시선은 그를 좇고 있었다.

- **쫓다**

(주로 물리적인 대상을) 잡거나 따르는 것, 몰아내다

예) 형사가 범인을 쫓고 있다.

닭 쫓던 개 지붕 쳐다본다.

벌레를 쫓다.

잠을 쫓아냈다.

'좇다'와 '쫓다'는 발음도 많이 헷갈리니까 소리 내서 연습해 볼까요?

좇다[졷따]	쫓다[쫃따]
좇아[조차]	쫓아[쪼차]
좇으니[조츠니]	쫓으니[쪼츠니]
좇는[존는]	쫓는[쫀는]

🔍 QUIZ

1. 그만 좀 (좇아/쫓아)와요.
2. 돈보단 명예를 (좇는/쫓는) 삶.
3. 밖에 나가서 잠 좀 (좇고/쫓고) 올게.

정답 : 1. 쫓아 2. 좇는 3. 쫓고

창문 **너머/넘어** 보이는 너

'넘어'와 '너머'는 발음이 비슷해서 참 헷갈리는 말이죠? '넘어'는 '넘다'에서 파생된 말로 어떤 경계를 넘어가는 '동작'를 뜻하는 말이고, '너머'는 '저쪽에'라는 뜻으로 위치를 나타내는 말이에요.

그럼 여기서 질문 하나 드릴게요. '산 넘어 산'일까요, '산 너머 산'일까요?

둘 다 쓸 수 있는 표현이지만, 힘든 일이 계속된다는 뜻을 나타낼 때는 '산 넘어 산'이 맞아요. 산을 넘었더니 또 산이 있는 걸 상상해 보세요. 정말 숨차네요. '산 너머 산'은 '산 저쪽에 산'을 뜻해요. 이때는 '동작'이 들어 있지 않아요. 차이점을 알겠죠?

• 넘어

어떤 경계를 넘어가는 '동작'을 나타냄

예) 선 넘어도 돼요?

창문 넘어 도망친 100세 노인

아시아를 넘어 세계로!

• 너머

가로막힌 사물의 저쪽이란 뜻으로 위치를 나타냄

예) 창문 너머 보이는 너

　　어깨너머로 배운 요리

 '저쪽에'를 넣어서 말이 통하면 '너머'를 쓰면 된다.

QUIZ

1. 금 (넘어/너머) 오지 마!
2. 진실은 저 (넘어/너머)로.
3. 담 (넘어/너머) 장미가 피었다.

정답 : 1. 넘어 2. 너머 3. 너머

이렇게 말하면 교양 있어 보임

69
유월/육월에 만났는데 벌써 시월/십월이야!

여러분, '6월' 어떻게 읽으세요? [유궐]이라고 하는 분들이 많은데요, [유월]이라고 해야 해요. 표기할 때도 '유월'이 맞아요.

또 주의해야 할 달이 있어요. 바로 10월! '10월'을 지금 소리 내 읽어 보세요. 네? '시뷜'이요? [시뷜]이 아니라 [시월]로 발음하고 표기할 때도 '시월'이에요.

은근슬쩍 욕하고 싶을 때 빼고는 부드럽게 [시월]이라고 발음하자고요.

하나 더! 오월과 유월을 아울러 이를 때에는 '오뉵월'이 아니라 '오뉴월'로 발음하고 써야 해요.

> **QUIZ**
> 1. 내 생일은 (육월/유월)이야.
> 2. 우리 (시월/십월)의 어느 멋진 날에 결혼하자!
>
> 정답 : 1. 유월 2. 시월

70
허벅지가 참 굵다/두껍다

정음: 넌 외적 이상형이 뭐야?

누리: 허벅지 두꺼운 남자?

정음: 허벅지가 책이냐 두껍게? 신체를 표현할 땐 굵다고 해야지!

누리: 그래. 언니 팔뚝 굵다. 됐지?

그렇습니다. 허벅지는 책이 아니니 굵다고 해야 해요. '굵다'는 원통 모양의 '둘레'를 나타낼 때 쓰고, '두껍다'는 책처럼 '두께'를 나타낼 때 써요. 허벅지는 원통 모양이니까 '굵다'라고 해야 해요. 신체를 표현할 때는 대부분 '굵다'를 쓴다는 거 기억해 주세요.

그렇다면 허리가 얇다? 가늘다? 뭐가 맞을까요? 허리가 얇다고 하는 분들이 많은데요, 허리는 가늘다고 해야 해요. '가늘다'는 '굵다'의 반대말로 원통 모양의 '둘레'를 나타낼 때 쓰고, '얇다'는 '두껍다'의 반대말로 '두께'를 나타낼 때 써요.

• 굵다/가늘다: 원통의 둘레(신체)

예) 허벅지가 굵다/가늘다

  허리가 굵다/가늘다

  목이 굵다/가늘다

  팔이 굵다/가늘다

  손목이 굵다/가늘다

• 두껍다/얇다: 두께

예) 두꺼운/얇은 책

이불이 두껍다/얇다

옷이 두껍다/얇다

신체를 표현할 때는 '굵다/가늘다'라는 거 잊지 마세요! 콜라병 몸매를 '허얇엉큰'이라고 하죠? 그런데 이 말은 틀렸어요. 허리는 얇은 게 아니라 가늘다고 해야 하니까 '허가엉큰'이 되겠죠?

🔍 QUIZ

1. 팔뚝이 (두껍다/굵다).
2. 머리카락이 (얇다/가늘다).
3. 너 다리 진짜 (가늘다/얇다)!

정답 : 1. 굵다 2. 가늘다 3. 가늘다

이 자리를 **빌려/빌어** 말씀드립니다

이 자리를 빌려 정말 고맙다는 말씀을 전하고 싶습니다. 이 책이 출간된 것도, 베스트셀러가 된 것도 모두 제 영상을 좋아해 준 여러분 덕분이에요. 사랑해요♥

베스트셀러 작가가 됐다고 생각하고 감사 인사 한번 써 봤어요. 헤헤. '이 자리를 빌려'와 '이 자리를 빌어' 중 뭐가 맞을까요? 3초 드릴게요.

3! 2! 1!

정답은 '이 자리를 빌려'예요. 혹시 '이 자리를 빌어'가 더 익숙한가요? '빌어'의 기본형은 '빌다'예요. '용서를 빌다', '소원을 빌다'처럼 사용하며, '간청한다'라는 뜻이죠. 만약 아래와 같이 쓴다면 이상하죠?

이 자리를 간청해 말씀드립니다 (?)

'빌려'의 기본형은 '빌리다'예요. '돈을 빌리다', '취기를 빌리다'와 같이 사용하며, '남의 물건을 얼마 동안 쓰다', '기회를 이용하다'라는 뜻이 있어요.

이 자리를 이용해 말씀드립니다

평소에는 할 수 없었던 말을 이런 특별한 기회를 이용해 말한다는 뜻이니까 자연스럽죠?

- **빌다**(빌어)

간청, 호소, 사죄

예) 소원을 빌다.

용서를 빌어요.

행운을 빌어!

- **빌리다**(빌려)

이용, 차용

예) 이 자리를 빌려 감사의 말씀을 전합니다.

술기운을 빌려 용기 내다.

돈을 빌리다.

🔍 QUIZ

1. 취기를 (빌어/빌려) 고백했다.
2. 변명하지 말고 그냥 싹싹 (빌어/빌려)!
3. 화장의 힘을 (빌어/빌려) 딴사람이 된 나!

정답 : 1. 빌려 2. 빌어 3. 빌려

제가/저가 저녁 살게요

'제가'를 '저가'라고 하는 분들이 많은데요, '저가'라는 말은 틀린 표현이에요. 보통 아이들이 '저가'라고 많이 하죠? 아이들은 귀엽기라도 하죠. 성인이 '저가'라고 하면 하나도 안 귀여워요. 흑흑. 우리 같은 어르신들은 '마가, 우가, 저가' 할 때만 '저가'를 쓰는 걸로!

자매품 '너가' 역시 틀린 표현으로 '네가'라고 해야 해요. 그런데 '네가'라고 발음하면, '내가'와 헷갈려서 대부분 '니가'라고 발음하죠. 사실 저도 평소에 말할 때는 [니가]라고 발음해요. 그래도 원칙은 말할 때도 쓸 때도 '네가'만 맞아요.

🔍 QUIZ

1. (저가/제가) 잘할게요.
2. 혹시 (제가/저가) 불편해요?
3. (네가/니가/너가) 먼저 끼 부렸잖아!
4. 저기 걸려 있는 옷, (니/네) 옷 아니야?

정답 : 1. 제가 2. 제가 3. 네가 4. 네

73
좋은 사람 있으면
소개해/소개시켜 줘

'좋은 사람 있으면 소개시켜 줘'라는 유명한 노래도 있지만, '소개시켜 줘'는 틀린 표현이에요. '시키다'는 어떤 일을 하게 한다는 말이죠? '소개시켜 줘'라고 하면 '소개하게 해줘'라는 뜻이에요.

'소개'는 '양편이 알고 지내도록 관계를 맺어 주다'라는 뜻으로 '시키다'를 넣지 않아도 충분히 의미 전달이 돼요. 남에게 소개, 환기, 해고 등을 하게 한 경우가 아니라면 '시키다'를 붙일 필요가 없어요. '-시키다'를 '-하게 하다'로 바꿔 보면 뭐가 잘못됐는지 보일 거예요.

불필요하게 '-시키다'를 자주 붙이는 동사들을 정리해 볼게요.

소개시키다 → 소개하다

환기시키다 → 환기하다

해고시키다 → 해고하다

금지시키다 → 금지하다

마찬가지로 만약 애인이 자꾸 거짓말을 할 때는 '자꾸

거짓말시킬래?'가 아니라 '자꾸 거짓말할래?'라고 해야 해요. '거짓말시키다'는 '거짓말을 하게 한다'라는 뜻이니까요. 자꾸 거짓말을 시키는(하게 하는) 애인도 있긴 하겠네요. 둘 다 싫다…….

🔍 QUIZ

1. 이쁜 친구 있으면 (소개해/소개시켜) 줘.
2. 거실 환기 좀 (시키자/하자)!
3. 집주인은 실내 흡연을 금지(시켰다/했다).

정답 : 1. 소개해 2. 하자 3. 했다

74
지난주/저번주에 바빴어요

여러분은 '이 주의 바로 앞의 주'를 말할 때 '지난주'와 '저번주' 중 어떤 말을 사용하시나요? 저는 둘 다 썼었어요. '지난주'만 표준어라는 사실을 알기 전까지는요. '저번주'는 강원, 충남 사투리로 표준어가 아니에요.

그리고 '지난주'는 사전에 한 단어로 등재되어 있어서 띄어쓰기 없이 붙여서 써야 해요. 반면에 '이번 주', '다음 주'는 띄어서 써야 하죠. 여러모로 지난주만 유난이네요.

유난스러운 지난주!

• **지난주**
이 주의 바로 앞의 주, 띄어쓰기 없이 붙여서 씀

QUIZ
1. (저번주/지난주)에 왜 연락 안 했어?
2. (이번 주/이번주)에 영화 볼래요?
3. (다음 주/다음주) 금요일에 만나요.

정답 : 1. 지난주 2. 이번 주 3. 다음 주

우리 **무슨 요일/몇 요일**에 만날까요?

다음 중 '몇'의 쓰임이 틀린 것은 무엇일까요?

몇 살이에요? / 몇 개예요? / 몇 요일이에요?

정답은 '몇 요일'이에요. 요일을 물어볼 때는 '무슨 요일'이라고 해야 해요. '몇'은 수를 물을 때 쓰는 말이라서 '요일'과는 어울리지 않아요. 반면에 '몇 살', '몇 개'는 '수'로 답할 수 있으니 바른 표현이에요.

그러니 요일을 묻고 싶을 땐 '무슨 요일이야?'라고 하세요!

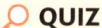 **QUIZ**
(몇 요일/무슨 요일)에 영화 볼까?

정답 : 무슨 요일

깜짝 놀랐잖아/놀랜잖아!

'놀라다'를 '놀래다'로 잘못 말하는 경우가 많은데요, 내가 놀랐을 때는 '놀라다', 내가 남을 놀라게 했을 때는 '놀래다'가 맞아요. 그럼 자세히 알아볼까요?

• 놀라다

주어가 놀란 주체일 때

O	X
깜짝 놀랐잖아!	깜짝 놀랬잖아!
뉴스 보고 많이 놀랐어.	뉴스 보고 많이 놀랬어.
아이고 놀라라!	아이고 놀래라!

• 놀래다

주어가 놀라게 한 행위자일 때 ('놀라다'의 사동사)

O	X
옷장에 숨어 있다 남친을 놀랬다.	옷장에 숨어 있다 남친을 놀래켰다.
깜짝 파티로 동생을 놀래자!	깜짝 파티로 동생을 놀래키자!
놀래지 마세요!	놀래키지 마세요!
BTS는 전 세계를 놀랬다.	BTS는 전 세계를 놀래켰다.

여기서 진짜 중요한 사실 알려 드릴게요. '놀래키다'는 표준어가 아니에요. 하지만 일상 대화에서는 '놀래다'보다 '놀래키다'를 훨씬 많이 사용하죠. 아무래도 '놀래다', '놀래자'는 좀 어색하기 때문인데요, 그럴 땐 '놀라게 하자', '놀래 주자'를 쓰세요.

동생을 놀래자
= 동생을 놀래 주자

갑자기 강아지가 짖길래 강아지를 놀래려고 제가 더 크게 짖었더니 강아지가 깜짝 놀랐던 일이 떠오르네요.

> 🔍 **QUIZ**
> 1. 너도 날 좋아한다니 깜짝 (놀랬어/놀랐어).
> 2. 자라 보고 (놀란/놀랜) 가슴 솥뚜껑 보고 놀란다.
> 3. 애를 왜 (놀래키냐/놀래냐)?
>
> 정답 : 1. 놀랐어 2. 놀란 3. 놀래나

내가 **창피/챙피**해?

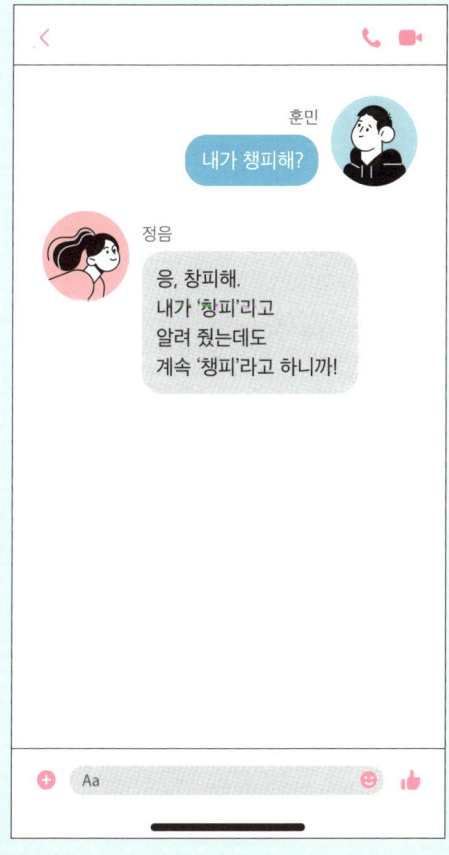

'챙피'는 '창피'의 잘못된 표현이에요. 근데 왜 사람들은 자꾸 '챙피'라고 하는 걸까요? '창피'보다 '챙피'가 발음하기 편하기 때문이에요. 지금 한번 발음해 보세요. 창피, 창피, 챙피, 챙피!

'애기'도 마찬가지예요. '아기'가 맞는 말이지만 '애기'라고 잘못 발음하는 경우가 많아요. 이렇게 발음이 변하는 현상을 'ㅣ' 모음 역행 동화라고 하는데요, 쉽게 말해 뒤에 있는 'ㅣ' 모음의 영향을 받아 앞에 'ㅏ' 모음이 'ㅐ'로 발음되는 현상이에요.

• 'ㅣ' 모음 역행 동화

'ㅏ, ㅓ, ㅗ, ㅜ'가 뒤에 오는 'ㅣ'의 영향을 받아 'ㅐ, ㅔ, ㅚ, ㅟ'로 발음되는 현상

O	X
창피	챙피
아기	애기
아지랑이	아지랭이

'창피하다'를 '챙피하다'라고 하면 '창피'한 일이에요!

🔍 QUIZ

1. (애기/아기)야, 가자!
2. 왜 그렇게 뚫어지게 쳐다봐? (창피/챙피)하게.

정답 : 1. 아기 2. 창피

78
궁금한 건 저한테
물어보세요/여쭤보세요

저한테 맞춤법을 어떻게 공부하는지 많이 여쭤보시는데요, 잠깐! 이 문장은 틀린 표현이에요. 누군가 나에게 물어볼 땐 '여쭤보다'를 쓰면 안 돼요. 스스로를 높인 표현이기 때문이죠. '저에게 물어보세요'가 바른 표현이에요. '여쭤보다'와 '물어보다'의 쓰임을 구분 못 하는 경우가 정말 많은데요, '여쭤보다'는 윗사람에게 사용하는 말이에요.

제 몸매 비결을 많이 여쭤보시는데요. (X)
제 몸매 비결을 많이 물어보시는데요. (O)

회사에서도 잘못 쓰는 경우가 많아요.

팀장님, 어제 저한테 여쭤보신 거 찾아 놨습니다. (X)
팀장님, 어제 저한테 물어보신 거 찾아 놨습니다. (O)

또, '여쭤보다'는 사전에 한 단어로 등재되어 있어서 띄어쓰기 없이 써야 해요!

🔍 QUIZ

1. 궁금한 거 있으면 저한테 (여쭤보세요/물어보세요).
2. 선생님, 헷갈리는 맞춤법 (여쭤봐도/물어봐도) 될까요?
3. 어르신께 인생이 무엇인지 (물어봤다/여쭤봤다).

정답 : 1. 물어보세요 2. 여쭤봐도 3. 여쭤봤다

79

아메리카노
나왔습니다/나오셨습니다

아메리카노가 나오셨다고요? 아메리카노 버릇 나빠지겠어요. 들을 때마다 참 어색한 표현이에요. 사물에는 '-시'라는 존칭을 쓰지 않아요. 사물 존칭은 서비스업에 종사하시는 분들에게 자주 들을 수 있는 표현인데요, 손님에게 친절하게 대하려는 마음이 사물까지 높여 버렸네요.

그럼 어색한 사물 존칭 표현을 바르게 고쳐 볼까요?

틀린 표현		바른 표현
올해 신상이세요.	⋯	올해 신상입니다.
이 상품은 품절이세요.	⋯	이 상품은 품절입니다.
15,000원이세요.	⋯	15,000원입니다/이에요.
재고가 없으세요.	⋯	재고가 없습니다.
환불은 안 되세요.	⋯	환불은 안 됩니다.

이사님, 전화 **오셨습니다**.

이 문장도 '전화'인 사물을 높였기에 틀린 표현이에요. '이사님, 전화 왔습니다'라고 해야 해요.

이번엔 간접 높임 표현에 대해 알아볼게요. 간접 높임은 높여야 할 대상의 신체 부분, 소유물, 마음, 의견 등을 높임으로써 존경의 마음을 나타낼 때 사용해요.

할머니는 허리가 아프시다.
선생님, 셔츠가 참 멋있으세요.
걱정이 참 많으시겠어요.

다음은 드라마 〈일타 스캔들〉의 한 장면으로 배경은 반찬 가게입니다.

행선: 14,500원 계산하실게요. 카드 꽂으실게요.
치열: 근데 '계산하실게요', '꽂으실게요'하면 누굴 높이는 문법입니까? 나? 카드?
행선: (치열을 째려본다)
치열: (반찬을 들고 가게를 나가며) 잘 먹으실게요!

'-실게요'라는 잘못된 높임말을 콕 집어 지적한 장면이죠. '-ㄹ게'는 '내가 잘할게'처럼 나 자신의 약속이나 의

지를 나타낼 때 써요. 손님에게 '계산하실게요'라고 하면 손님의 의지를 내가 다진다는 뜻이에요. 무슨 아바타 소개팅도 아니고 말이 안 되죠? 게다가 남을 높이는 존칭인 '-시'에 나의 의지를 나타내는 '-ㄹ게'를 붙인 '-실게요'는 문법적으로 아예 틀린 표현이에요.

물론 진상 손님 때문에 틀린 걸 알면서도 어쩔 수 없이 사용하는 경우도 있다고 해요. 어후 진상! 그럼 잘못된 표현을 바르게 바꿔 볼까요?

틀린 표현		바른 표현
머리 감으실게요.	…	머리 감겨 드릴게요.
이쪽으로 오실게요.	…	이쪽으로 와 주세요.
여기 앉으실게요.	…	여기 앉아 주세요.
돌아 누우실게요.	…	돌아 누워 주세요.
잠시 기다리실게요.	…	잠시 기다려 주세요.
진료실로 들어가실게요.	…	진료실로 들어와 주세요.

이렇게 '-실게요'를 안 써도 충분히 친절하게 표현할 수 있어요. 이제 '-실게요'는 안 쓰실게요, 아니 쓰지 말아 주세요!

🔍 QUIZ

1. 이 코트는 (품절이세요/품절입니다).
2. 이벤트는 이미 (마감되셨어요/마감됐습니다).
3. 화장실은 복도 왼쪽에 (있습니다/있으세요).
4. 이쪽으로 (와 주세요/오실게요).

정답 : 1. 품절입니다 2. 마감됐습니다 3. 있습니다 4. 와 주세요

우리나라/저희 나라는 참 살기 좋아요

혹시 욕먹고 싶으신 분 있나요? 그렇다면 공적인 자리에서 '저희 나라'라고 하시면 돼요.

'저희 나라'라고 했다가 악플 세례를 받는 공인들을 종종 볼 수 있는데요, '저희 나라'는 '우리나라'를 낮춘 표현이기 때문이죠.

그리고 한국 사람끼리 대화할 때 '저희 나라'라고 하면 듣는 사람을 한국 사람에서 배제한 것이라서 '저희 나라'라는 표현은 적절하지 않아요.

그렇다면 듣는 사람이 외국인일 땐 '저희 나라'라고 해도 될까요? 이에 대해 국립국어원은 필요에 따라 겸양 표현을 쓰고자 한다면 '저희 나라'라고도 할 수 있지만, 겸양의 문화가 없는 외국에서 온 외국인에게 굳이 '저희 나라'로 자신을 겸양할 필요가 없으니, '우리나라'로 표현하는 것이 적절하다고 답했어요.

아무튼 여러분이 발표할 때나 면접 볼 때, 나라를 대표해서 인터뷰할 때는 반드시 '우리나라'라고 하셔야 해요. 전 여러분이 욕먹는 걸 원치 않으니까요.

또 중요한 게 있어요. '우리나라'는 '우리 한민족이 세운 나라를 스스로 이르는 말'로 사전에 한 단어로 등재되어 있어서 띄어쓰기하지 않고 붙여 써야 해요.

 QUIZ

(우리나라/저희 나라)는 BTS 보유국이에요.

정답 : 우리나라

81
좋은 하루 보내세요/되세요!

'좋은 하루 되세요', '즐거운 주말 되세요', '풍성한 한가위 되세요'는 우리가 정말 많이 쓰는 표현이죠? 그런데 모두 틀린 표현이에요. '되세요'가 아니라 '보내세요'라고 해야 해요.

'풍성한 추석 되세요'는 사람한테 '추석'이 되라는 말이에요. "내가~ 추석이 되어 볼게~! 하나! 둘! 셋! 얍!" 이건 현실에선 불가능하잖아요. 사람은 추석이 될 수 없으니까 '풍성한 추석 보내세요!'가 맞는 표현이에요.

그렇다면 '부자 되세요'도 틀린 표현일까요? 사람은 부자가 될 수 있으니까 '부자 되세요'는 바른 표현이에요!

아래는 추천하는 인사말이에요.

좋은 하루 보내세요.

즐거운 주말 보내시길 바랍니다.

풍성한 한가위 보내시길 기원합니다!

사실 '-세요'는 맥락에 따라 명령형으로 볼 수 있어서 '좋은 하루 보내세요'보다는 '좋은 하루 보내시길 바랍니다'가 더 정중한 표현이에요.

🔍 QUIZ

1. 행복한 시간 (되세요/보내세요)!
2. 즐거운 밤 (되세요/보내세요)!
3. 즐거운 설 명절 (되시길/보내시길) 바랍니다.

정답 : 1. 보내세요 2. 보내세요 3. 보내시길

82
잔소리는
삼가/삼가해 주세요

'삼가 주세요'보다 '삼가해 주세요'가 더 익숙한가요? 그래도 '삼가 주세요'가 맞는 표현이에요. '삼가다' 자체가 한 단어인 동사라서 '-하다'와 결합할 수 없어요. '나가다'라는 동사를 활용할 때, '나가 주세요'라고 하지, '나가해 주세요'라고 하지 않는 것처럼요!

- **삼가다**

1. 몸가짐이나 언행을 조심하다.
2. 꺼리는 마음으로 양이나 횟수가 지나치지 아니하도록 하다.

그럼, 평소에 잘못 쓰는 표현을 바르게 고쳐 볼게요!

틀린 표현		바른 표현
흡연을 삼가해 주세요.	→	흡연을 삼가 주세요.
음주운전을 삼가합시다.	→	음주운전을 삼갑시다.
악플을 삼가하도록 합시다.	→	악플을 삼가도록 합시다.
출입을 삼가해 주십시오.	→	출입을 삼가 주십시오.
욕은 삼가해 줘.	→	욕은 삼가 줘.

그럼 '삼가 주세요' 띄어쓰기는 어떻게 할까요? 본용언과 보조 용언의 구성이므로, 띄어 쓰는 것이 원칙이나 붙여 쓰는 것도 허용이 돼요. '삼가 주세요', '삼가주세요' 둘 다 맞아요.

'삼가 고인의 명복을 빕니다'의 '삼가'와 '삼가다'는 어떤 관계일까요? '삼가 고인의 명복을 빕니다'의 '삼가'는 '겸손하고 조심하는 마음으로 정중하게'라는 뜻의 부사이고, '삼가다'는 동사로 아직까지 명확한 관계성이 밝혀지지 않았어요. 밝혀지지 않았어요. 즉, 정확히 알 수 없습니다.

> ### 🔍 QUIZ
> 1. 공공장소에서는 애정 행각을 (삼가해/삼가) 주세요!
> 2. 헛소리는 (삼가합시다/삼갑시다)!
> 3. 불필요한 외출은 (삼가하도록/삼가도록) 합시다.
>
> 정답 : 1. 삼가 2. 삼갑시다 3. 삼가도록

너에게 **알맞은/알맞는** 사람은 나야

알맞은? 알맞는? 어떤 게 알맞을까요? 정답은 '알맞은'이에요. 그럼, 질문 하나 더 드릴게요.

'알맞다'는 형용사일까요, 동사일까요? 힌트를 드리자면 형용사는 상태나 성질을 나타내고, 동사는 동작이나 작용을 나타내요. '알맞다'는 상태를 나타내므로 형용사예요.

그런데 동사에는 '-은', '-는' 둘 다 붙을 수 있지만, 형용사에는 '-은'만 붙을 수 있어서 '알맞은'만 쓸 수 있는 표현이에요.

또 다른 형용사 '좋다', '슬프다'의 경우, '좋는', '슬프는'이라고 하면 바로 틀렸다는 걸 눈치챌 수 있죠? 근데 왜 '알맞다'만 헷갈리는 걸까요?

그건 바로 '맞다'라는 동사가 존재하기 때문이죠. '맞다'는 '맞는', '맞은'처럼 활용할 수 있으니, '알맞는'도 쓸 수 있는 표현으로 착각하기 쉽거든요. 참고로 '맞다'는 원래 동사로만 인정되었으나, 2024년부터는 형용사, 감탄사로도 인정이 되었어요.

'알맞다'의 친구 '걸맞다' 역시 '걸맞는'이 아니라 '걸맞은'만 바른 표현이에요. '알맞다'와 '걸맞다'를 사용한 알맞은 예시로 복습해 볼까요?

전 귀사에 알맞은 인재로서 그에 걸맞은 경력을 갖추고 있습니다.

🔍 QUIZ

1. 다음 중 (알맞은/알맞는) 답을 고르시오.
2. 너에게 (걸맞는/걸맞은) 사람이 될게.
3. 저는 귀사에 (알맞는/알맞은) 인재입니다.

정답 : 1. 알맞은 2. 걸맞은 3. 알맞은

외래어까지 정복하면 호감 상승

밥 먹고
카페/까페 갈까요?

'카페'와 '까페' 중 어떤 게 맞을까요? 정답은 '카페'예요. 외래어 표기법에서는 기본적으로 'ㄲ, ㄸ, ㅃ, ㅆ, ㅉ' 같은 된소리를 쓰지 않는 것이 원칙이기 때문이죠. 외래어 표기법은 된소리를 싫어하거든요.

• 외래어 표기법 제4항
파열음 표기에는 된소리를 쓰지 않는 것을 원칙으로 한다.

O	X
카페라테	까페라떼
카르보나라	까르보나라
돈가스	돈까스
파리	빠리
모차르트	모짜르트
마키아토	마끼야또
피에로	삐에로
선글라스	썬글라스

TIP 예외는 늘 있는 법! 빵, 짬뽕, 껌, 푸껫, 쓰나미는 된소리가 맞아요.

예전에 에스파 카리나 님이 윈터 님에게 '카페'를 [까페] 가 아니라 [카페] 라고 발음한다고 귀엽게 놀리는 영상이 화제가 됐었는데요. 까페? 카페? 어떻게 발음해야 할까요?

표기는 '카페'가 맞지만, 외래어 발음은 규범으로 정해진 게 없어서 누가 맞고 틀렸다고 할 수 없어요.

🔍 QUIZ

1. 이따 (카페/까페)에서 만나요!
2. (돈가스/돈까스) 좋아해요?

정답 : 1. 카페 2. 돈가스

난 너를 보면 티라미수 케이크/케익/케잌

'케이크', '케익', '케잌' 중 어떤 게 맞을까요? 정답은 '케이크'예요. 외래어 표기법에서는 긴모음 뒤에 [p], [t], [k]가 오면 '으'를 붙여 적거든요. cake[keɪk]의 [eɪ]은 긴 모음이고 뒤에는 [k]가 오죠? 그래서 '으'를 붙여 '케이크'가 돼요.

또 외래어 표기법에서는 'ㄱ, ㄴ, ㄹ, ㅁ, ㅂ, ㅅ, ㅇ' 이렇게 7개만 받침으로 쓸 수 있어서 '케잌'은 진작에 탈락이었어요.

'테이프'도 '테잎'으로 잘못 쓰는 경우가 많은데요, Tape[teɪp]는 긴 모음인 [eɪ] 다음에 [p]가 오니까 '으'를 붙여 '테이프'가 돼요.

🔍 QUIZ

1. 치즈 (케이크/케익/케잌)는 못 참지!
2. (테잎/테이프) 깔까?

정답 : 1. 케이크 2. 테이프

비주얼/비쥬얼 담당은 나야!

다음 단어들의 공통점을 찾아보세요!

비쥬얼, 쥬얼리, 쥬스, 텔레비젼, 쵸콜릿, 스케쥴, 쥬니어

답 알려 드릴게요. 정답은 '전부 틀렸다'입니다. 외래어 표기법에선 'ㅈ', 'ㅊ'에 이중 모음을 결합하지 않아요. '져'와 '저', '쵸'와 '초'는 소리 구별이 안 되니 구분하는 게 의미가 없다고 판단했기 때문이죠. 그래서 '쟈, 져, 죠, 쥬', '챠, 쳐, 쵸, 츄'는 모두 탈락이에요.

그럼 예시로 든 단어들을 바르게 고쳐 볼까요?

비주얼, 주얼리, 주스, 텔레비전, 초콜릿, 스케줄, 주니어

'주니어' 하니까 떠오르는 이름이 있는데요, 슈퍼주니어 Super Junior에서 '슈퍼'와 '주니어'는 맞는 표기일까요? 방금 배웠듯이 'ㅈ', 'ㅊ'에는 이중 모음을 결합하지 않아서 '쥬니어'가 아닌 '주니어'가 맞아요

그렇다면 'super'는 '슈퍼'일까요, '수퍼'일까요? 이때는 이중 모음 'ㅠ'와 결합한 '슈퍼'가 바른 표기예요.

슈퍼마켓

슈퍼스타

슈퍼모델

슈퍼맨

슈슈슈슈 슈퍼노바

또 '슈'가 들어 있는데 많이 틀리는 외래어가 있어요. 바로 새우를 뜻하는 '슈림프'인데요, 유명 업체에서 '쉬림프 피자'라고 표기해 '쉬림프'로 잘못 아는 사람이 많아요. 'shrimp'의 발음 기호는 [ʃrɪmp]인데 외래어 표기법에서는 자음 앞의 [ʃ]는 '슈'로 표기하기 때문에 '슈림프'가 바른 표기예요.

🔍 QUIZ

1. 내 이상형은 (비젼/비전) 있는 사람이야!
2. 화면 (캡쳐/캡처)
3. 점심으로 (슈림프/쉬림프) 피자 어때?

정답 : 1. 비전 2. 캡처 3. 슈림프

왜 내 **메시지/메세지** 안 봐?

문자 '메시지'일까요, '메세지'일까요? '메세지'로 잘못 쓰는 경우가 많은데요, '메시지'가 바른 표기예요.

'메시지 message'는 [mesɪdʒ]로 발음하는데 외래어 표기법 제2장에 따라 [ɪ] 발음은 'ㅣ'로 표기하므로 '메시지'가 돼요. 같은 이유로 '소시지[sɔːsɪdʒ]'도 '소세지'가 아니라 '소시지'라는 거!

O	X
메시지	메세지
소시지	소세지
리포트	레포트
바비큐	바베큐
엘리베이터	엘레베이터

🔍 QUIZ

1. (엘레베이터/엘리베이터) 안에서 우린 사랑을 나누지!
2. 널 향한 내 사랑의 (메시지/메세지)!
3. (리포트/레포트) 다 작성했어?

정답 : 1. 엘리베이터 2. 메시지 3. 리포트

어떤 **스킨십/스킨쉽**이 좋아요?

'skinship'은 한글로 어떻게 표기할까요? 스킨쉽? 스킨십? 정답은 '스킨십'이에요. 'skinship'의 발음 기호는 [ˈskɪn.ʃɪp]인데 외래어 표기법에 따라 [ʃ]는 'ㅅ', [ɪ]는 'ㅣ', [p]는 'ㅂ'으로 표기하므로 '십'이 되는 거죠.

'-ship'은 모두 '십'으로 표기해요. 참고로 영어에서 온 외래어를 표기할 때 '쉬'로 표기하는 경우는 없어요. 그럼 다른 'ship'도 알아볼게요.

그렇다면 'cash'는 '캐쉬'와 '캐시' 중 뭐가 맞을까요? 외래어 표기법에서 단어 끝의 [ʃ]는 '시'로 표기하므로 '캐시'가 맞아요. 그리고 앞에서 '쉬'는 안 쓴다고 했던 거 기억나죠?

캐시, 잉글리시, 플래시, 대시

O	X
멤버십	멤버쉽
리더십	리더쉽
챔피온십	챔피온쉽
파트너십	파트너쉽
인턴십	인턴쉽

🔍 QUIZ

1. 이번 달부터 (멤버십/멤버쉽)을 해지했다.
2. 나 해외 (인턴십/인턴쉽) 지원했어.

정답 : 1. 멤버십 2. 인턴십

판타지/환타지 영화 좋아해요?

누리: 환타지 좋아해요?

세종: 환타는 역시 파인 맛이지!

누리: 아니, 환타지 장르 좋아하냐고요!

세종: '판타지'는 좋아하는데 '환타지'는 관심이 없어.

판타지? 환타지? 뭐가 맞을까요? 정답은 '판타지'예요. 'fantasy'는 [ˈfæntəsi]로 발음하는데, 외래어 표기법에서 [f]는 'ㅎ'이 아닌 'ㅍ'으로 표기하거든요.

그렇다면, 프라이드 치킨, 후라이드 치킨 중 바른 표기는? 'fried'도 발음 기호가 [f]라서 '프라이드 치킨'이 맞아요. 그런데 '프라이드'보단 '후라이드'가 더 익숙하죠? 제가 동네 치킨집을 조사한 결과, '프라이드 치킨'이라고 쓰여 있는 곳은 한 군데도 없더라고요. 원칙대로라면 '후참잘(후라이드 참 잘하는 집)'이 아니라 '프참잘(프라이드 참 잘하는 집)'이 맞겠죠?

• [f]는 'ㅍ'으로 표기

O	X
파이팅	화이팅
판타지	환타지
패밀리	훼밀리
파일	화일
프라이팬	후라이팬
달걀 프라이	달걀 후라이
프라이드 치킨	후라이드 치킨

여러분, 이제 맞춤법 정복이 머지않았어요. 파이팅! 잠깐, '파이팅'이 콩글리시라는 거 아세요? 'Fighting'은 '싸움'이라는 뜻으로 외국에서는 응원할 때 쓰는 말이 아니거든요. 외국인 친구에겐 'Fighting' 대신 'Cheer up!'이라고 해 줘요.

QUIZ

1. (훼밀리/패밀리) 레스토랑 가자.
2. 나 (피트니스/휘트니스) 센터 등록했어.

정답 : 1. 패밀리 2. 피트니스

네 유튜브
콘텐츠/컨텐츠가 뭐야?

'콘텐츠'를 '컨텐츠'로 잘못 쓰는 경우가 정말 많아요. 콘텐츠contents의 발음 기호는 [ˈkɒntent]로 국제 음성 기호와 한글 대조표상에는 [ɒ]가 명시되어 있지 않지만, 우리말의 '오'와 가까워서 '콘'으로 표기해요. 이렇게 'ㅗ'를 'ㅓ'로 자주 틀리는 외래어를 정리해 볼게요.

O	X
콘텐츠	컨텐츠
콘셉트	컨셉
콤플렉스	컴플렉스
콘퍼런스	컨퍼런스

🔎 QUIZ

1. 우리 커플 (컨텐츠/콘텐츠) 찍어 볼까?
2. 오늘 의상 (컨셉/콘셉트)가 뭐야?

정답 : 1. 콘텐츠 2. 콘셉트

5장
띄어쓰기는
이것만 딱 알면 됨

지금 **뭐 해/뭐해**?

뭐 해? 이 말 저만 설레나요? 근데 '뭐해?'와 '뭐 해?' 중 어떤 게 맞을까요? 둘 다 맞지만, 띄어쓰기에 따라 의미가 확 달라져요. 띄어 쓴 '뭐 하다'는 단순히 '무엇을 하다'의 뜻으로 관심 있는 이성에게 메시지를 보낼 자주 쓰는 말이죠.

붙여 쓴 '뭐하다'는 내키지 않거나 무안한 느낌을 둘러서 말할 때 사용하며, '좋은 사람이지만 사귀긴 뭐해'와 같이 사용해요.

• 뭐 하다

단순히 '무엇을 하다'의 의미

예) 내일 뭐 해? 영화 볼까?

놀면 뭐 하니?

• 뭐하다

내키지 않거나 무안한 느낌을 둘러서 쓰는 말

예) 빈손으로 오기 뭐해서 과일 좀 사 왔어.

상황이 참 뭐하네.

그런데 '머 해'도 표준어라는 사실 아시나요? '뭐'를 구어적으로 이르는 말인 '머'는 표준어이므로 '머 해', '머라고', '머든지'처럼 쓸 수 있어요. 하지만 '모'는 표준어가 아니라서 '모 해', '몬데'는 쓸 수 없어요. '뭐' 안에 'ㅓ'는 있지만, 'ㅗ'는 없다는 거!

> **QUIZ**
> 1. 지금 (뭐해/뭐 해)? 내 생각?
> 2. 그런 말 들으니 기분이 좀 (뭐해/뭐 해).
>
> 정답 : 1. 뭐 해 2. 뭐해

92
사랑밖에/사랑 밖에 난 몰라

'밖'은 '사랑밖에 난 몰라'처럼 '오직 그것뿐임'을 뜻하는 조사 '밖에'로 쓰일 때는 앞말에 붙여서 써요. 반면에 '집 밖'처럼 '바깥'을 뜻하는 명사로 쓰일 때는 앞말과 띄어서 써요. 다양한 예문으로 알아볼게요.

• 밖에

'오직 그것뿐임'을 뜻하는 조사로 쓰일 때는 앞말에 붙여 쓴다.

예) 난 너밖에 몰라.

줄 수 있는 게 이 노래밖에 없다.

그 선배는 공부밖에 못해.

넌 날 좋아할 수밖에 없어.

• 밖

'바깥'이나 '일정한 범위에 들지 않는 일'을 뜻하는 명사로 쓰일 땐 앞말과 띄어서 쓴다.

예) 내 능력 밖의 일이야.

집 밖에 안 나간 지 일주일째다.

예상 밖의 일이었다.

정리됐죠? 그런데 주의해야 할 단어가 있어요. '창밖', '문밖', '뜻밖'은 사전에 한 단어로 등재되어 있어서 붙여 써야 해요.

창밖을 보라.

문밖으로 나섰다.

뜻밖의 선물

 QUIZ

1. 가진 거라곤 이 (목소리밖에/목소리 밖에) 없다.
2. 너무 (예상 밖의/예상밖의) 일이라 놀랐어.
3. (창밖/창 밖)에 눈이 내린다.

정답 : 1. 목소리밖에 2. 예상 밖의 3. 창밖

우리 **한번/한 번** 사귀어 볼래?

'한번'과 '한 번'은 띄어쓰기에 따라 뜻이 확 달라져요. 먼저 띄어 쓰는 '한 번'은 '한'과 '번' 두 단어로 이루어진 말로 횟수를 나타내며, '하루에 한 번 뽀뽀해 줘'와 같이 쓸 수 있어요.

붙여 쓰는 '한번'은 한 단어로 '시도', '기회', '강조'의 뜻으로 쓰여요. 예문으로 알아볼까요?

- **시도**

예) 우리 한번 사귀어 볼래?

- **기회**

예) 언제 밥 한번 먹자!

- **강조**

예) 춤 한번 잘 추네!

헷갈린다고요? 걱정하지 마세요. 횟수를 나타낼 때만 '한 번'으로 띄어 쓴다고 기억하면 쉬워요!

'한 번/한번'이 들어갈 자리에 '두 번', '세 번'을 넣어

봐서 말이 되면 횟수를 나타내므로 띄어서 쓰면 돼요.

하루에 한 번 뽀뽀해 줘.
하루에 두 번 뽀뽀해 줘.
하루에 세 번 뽀뽀해 줘.

자연스럽죠? 반면에 '우리 한번 사귀어 볼래?'를 '우리 두 번 사귀어 볼래?'로 바꾸면 어색하니까 '한번'이라고 붙여서 써야 해요.

여기서 중요! '다시 한번'과 '다시 한 번' 중에서는 뭐가 맞을까요? 2015년에 띄어쓰기 간소화 차원에서 '다시 한번'의 구성에서는 '한번'으로 붙여서 쓰기로 했어요. 의미에 상관없이 항상 '다시 한번'으로 쓰면 돼요!

다시 한번 도전!
다시 한번만 더 해볼래.

앞에서 '한 번'과 '한번'의 차이를 이해했다면, '한 잔'과 '한잔'이 어떻게 다를지 바로 감이 올 거예요.

띄어 쓴 '한 잔'은 '한 잔', '두 잔'처럼 수량을 헤아릴 때 사용해요. '소주 한 잔 할래?'라고 하면 정말 딱 한 잔만 마시자는 뜻이죠.

붙여 쓴 '한잔'은 '간단하게 한 차례 마시는 차나 술 따위'를 뜻해서 '언제 만나서 소주 한잔하자'와 같이 사용해요. 이때는 한 잔이 될지, 백 잔이 될지 아무도 모릅니다.

• 한 잔

'한 잔', '두 잔' 수량을 의미

예) 커피 한 잔 더 주세요.

전 주량이 소주 한 잔이에요.

• 한잔

간단하게 한 차례 마시는 차나 술 따위를 의미

예) 우리 언제 소주 한잔해요.

🔍 QUIZ

1. 나도 유튜브나 (한 번/한번) 해 볼까?
2. 잘못했어요. (한 번/한번)만 봐주세요.
3. 언제 (한 번/한번) 우리 집에 고양이 보러 와요!
4. 나 사실 연애 (한 번/한번)도 안 해 봤어.

정답 : 1. 한번 2. 한 번 3. 한번 4. 한 번

94
집에 **가지 마/가지마**

하지 마! 웃지 마! 가지 마! 왠지 붙여 쓰고 싶은 세 글자지만, '하지 마'처럼 띄어 써야 해요. '마'의 원형은 '말다'로, 주로 앞에 '지'가 와서 '-지 말다'의 형태로 쓰이죠.

'말다'는 앞말과 띄어 써야 하는데요, '마'도 '말다'의 활용형이니까 앞말과 띄어서 써요.

하나 더! '걱정 마', '참견 마'처럼 조사가 생략된 경우에도 앞말과 띄어 써야 해요! '마'는 거리 두기를 좋아하나 봐요. 마! 가까이 오지 마!

- **'말다'는 앞말과 띄어 쓴다**

예) 먹지 마.

　이러지 마요.

　들어가지 마시오.

　상관 마.

　잊지 마.

　따라오지 마.

🔍 **QUIZ**

1. 나 때문에 (울지마/울지 마).
2. 진짜 (그러지마라/그러지 마라).
3. 다 잘될 거니까 너무 (염려마/염려 마).

정답 : 1. 울지 마 2. 그러지 마라 3. 염려 마

95
소개팅 잘 안됐어/안 됐어?

앞에서 '안'과 '않' 맞춤법을 정복했죠? 이번엔 '안' 띄어쓰기를 정복할 시간이에요. 기본적으로 '안'은 '안 좋아', '안 갈래'처럼 뒷말과 띄어서 써요. 그런데 '안되다'일 때만 붙여 쓰기도 하고 띄어 쓰기도 한다는 거!

예문으로 자세히 알아볼까요?

• '안되다'로 붙여서 쓸 경우

1. 일, 형상 따위가 좋게 이루어지지 않았을 때, 즉 '잘되다'의 반대말일 때

예) 요즘 장사가 너무 안된다.

　　소개팅 잘 안됐어?

TIP '잘 안되다'의 구성일 때는 무조건 붙여 씀.

2. 근심이나 병으로 얼굴이 상했을 때

예) 애인이랑 헤어지더니 얼굴이 많이 안됐구나!

3. 섭섭하거나 가여운 마음이 들 때

예) 혼자 있는 모습을 보니 참 안됐어.

• '안 되다'로 띄어 쓸 경우

금지 또는 부정을 나타낼 때, 즉 '되지 않다'의 뜻일 때

예) 한눈팔면 안 되는 거 알지?

　　환불은 안 됩니다.

　　집착하면 안 돼.

정리하자면, '안되다'를 제외한 모든 '안'은 띄어 쓰면 돼요! 이제 '안' 띄어쓰기 틀리면 안 돼!

🔍 QUIZ

1. 이제 나 (안 사랑해/안사랑해)?
2. 요즘 장사가 영 (안 된다/안된다).
3. 나 너 좋아하면 (안 돼/안돼)?
4. 친구가 잘 (안 되길/안되길) 바라면 (안돼/안 돼).

정답 : 1. 안 사랑해 2. 안된다 3. 안 돼 4. 안되길, 안 돼

저 술 잘 **못해요/못 해요**

세종
너 술 못해?

누리
네,
지금 한약 먹는 중이라서요.

세종
아니, 평소 주량이 어떤지 물어본 거야.

누리
아, 맥주 반 병이요ㅠ

'술을 못하다'와 '술을 못 하다' 중 어떤 게 맞을까요? 둘 다 맞는데 뜻이 완전 달라요. 붙여 쓴 '못하다'는 실력이 없다는 뜻으로 '잘하다'의 반대말이에요. 그래서 '술을 못하다'는 주량이 약하다는 뜻이에요. 즉, '알쓰'죠.

띄어 쓴 '못 하다'는 '하다'를 부정하는 말로 아예 할 수 없는 상황일 때 써요. 그래서 '술을 못 하다'는 한약을 먹고 있거나 내일 일찍 일정이 있어 아예 술을 마실 수가 없다는 뜻이에요.

좀 더 다양한 예문을 살펴볼까요?

예문	뜻
노래를 못하다	노래 실력이 별로다.
노래를 못 하다	어떠한 이유로 노래를 할 수 없는 상황이다.
연애를 못하다	연애에 능숙하지 못하고 뚝딱거린다.
연애를 못 하다	연애를 시도조차 못 하거나 할 수 없는 상황이다.
요리를 못하다	요리 실력이 없다.
요리를 못 하다	어떠한 이유로 요리할 수 없는 상황이다.

이제 차이점을 확실히 알겠죠? 여기서 한 걸음 더! 연결 어미 '-지' 뒤에는 항상 붙여 쓴 '못하다'가 와요!

붙잡지 못하다 / 하지 못하다 / 먹지 못하다

'먹지도 못하다', '먹지를 못하다'처럼 조사가 붙은 경우도 마찬가지예요.

'너 얼굴이 예전만 못하다', '가족이 남보다 못하다'처럼 '비교 대상에 미치지 못한다'라는 의미로 쓰일 때도 항상 '못하다'로 붙여 써야 해요.

🔍 QUIZ

1. 휴대폰을 잃어버려서 그동안 연락 (못했어/못 했어).
2. 난 널 이해하지 (못하겠어/못 하겠어).
3. 너무 짜! 너 요리 진짜 (못한다/못 한다).
4. 나는 긴장하면 말을 잘 (못해/못 해).

정답 : 1. 못 했어 2. 못하겠어 3. 못한다 4. 못해

죽을 만큼
보고 싶다/보고싶다

보고 싶다? 보고싶다? 어떻게 띄어 써야 맞을까요? '보고싶다'로 붙여 쓰는 경우가 많은데요, '보고 싶다'로 띄어 써야 해요.

먼저 '싶다'에 대해 알아볼게요. '싶다'는 보조 용언이에요. 앗! 혹시 문법 용어 때문에 벌써 머리가 아프신가요? 괜찮아요. 걱정하지 마세요. 사실 이 내용을 몰라도 '싶다' 띄어쓰기는 안 틀릴 수 있으니 그냥 편하게 읽어 주세요.

보조 용언은 단독으로 쓰일 수 없고, 본용언 뒤에 붙어서 뜻을 보충하는 역할을 해요. '보고 싶다'에서는 주된 뜻이 있는 '보고'가 본용언이고, '싶다'는 본용언에 의미를 더해주는 '보조 용언'이에요. 본용언과 보조 용언은 띄어 쓰는 것을 원칙으로 하되, 때에 따라 붙여 쓰는 것도 허용하는 경우가 많아요.

그런데 '싶다'는 한 단어인 '듯싶다', '성싶다' 외에는 앞말과 띄어 쓰는 것만 맞아요. 다양한 예문으로 공부해 볼게요.

• '싶다'는 앞말과 띄어 쓴다

예) 보고 싶고 안고 싶어.

아무래도 헤어지는 건 힘들겠지 싶어.

이래도 되나 싶다.

내 길이 아닌가 싶어.

누가 볼까 싶어 얼른 숨었다.

대체 왜 저러나 싶었다.

• 한 단어인 '듯싶다', '성싶다'는 붙여 쓴다

예) 뭔가 실수한 듯싶었다.

비가 올 성싶다.

될 성싶은 나무

어때요? 아직도 헷갈린다고요? 그렇다면 '싶다'는 '듯싶다', '성싶다' 외에는 앞말과 다 띄어 쓴다고 기억하면 좋겠지 싶다!

🔍 **QUIZ**

1. 로제 떡볶이 (먹고싶다/먹고 싶다).
2. 이렇게 행복해도 (되나싶다/되나 싶다).
3. 그도 날 좋아할 (듯싶다/듯 싶다).

정답 : 1. 먹고 싶다 2. 되나 싶다 3. 듯싶다

헤어진 지/헤어진지
벌써 일 년이네

'지'는 시간의 경과를 나타내는 의존 명사로 쓰일 땐 앞말과 띄어 쓰고, 의문이나 추측을 나타내는 어미로 쓰일 때는 앞말에 붙여서 써요. 의존 명사란 '지, 것, 뿐, 줄, 수, 대로, 데, 만큼'처럼 앞에 꾸며 주는 말이 있어야 쓸 수 있는 의존적인 말이지만, 명사 기능을 하므로 반드시 앞말과 띄어 써야 해요.

그럼 예문으로 알아볼게요.

1) 시간의 경과를 나타내는 의존 명사로 쓰일 땐 앞말과 띄어 씀

예) 헤어진 지 오래됐어.

결혼한 지 2년 됐어.

금연한 지 일주일 돼서 매우 예민한 상태다.

2) 의문이나 추측을 나타내는 어미로 쓰일 땐 붙여 씀

예) 네가 날 좋아하는지 아닌지 헷갈려.

내일 날씨가 좋을지 모르겠네.

무슨 말을 해야 할지 모르겠어.

한 가지 팁을 드리자면 '지' 대신 '뒤로'를 넣어서 말이 통하면 시간의 경과를 나타내니까 앞말과 띄어서 써요!

밥 먹은 지 1시간 됐어 ⋯▸ 밥 먹은 뒤로 1시간 됐어

'밥 먹은 지'를 '밥 먹은 뒤로'로 바꿔도 말이 되니 '지'는 띄어 써요.

비가 올지 모르겠어 ⋯▸ 비가 올 뒤로 모르겠어 (?)

'비가 올지'를 '비가 올 뒤로'로 바꾸니 어색하네요. 여기서 '지'는 의문으로 사용된 어미니까 '지'는 붙여 써요.

🔍 QUIZ

1. 널 (잊은지/잊은 지) 오래야.
2. 나랑 결혼할 생각이 (있는지/있는 지) 궁금해.

정답 : 1. 잊은 지 2. 있는지

넌 내 거/내거야

우리는 결혼할 것이다.

넌 내 거야.

웃는 게 예쁜 너.

네가 원하는 걸 말해 봐.

사랑이라는 건 뭘까요?

'것'은 사물, 일, 현상 따위를 추상적으로 이르는 말로 의존 명사라서 앞말과 띄어 써야 해요. 마찬가지로 '것'과 같은 의미인 '거, 게, 걸, 건'도 앞말과 띄어서 써야 해요.

- 것

의존 명사로 앞말과 띄어 쓴다.

거	게	걸	건
'것'의 구어체	것이	것을	것은

그런데 주의할 사항이 몇 가지 있어요.

1) 한 단어인 '이것', '저것', '그것', '아무것', '들것', '별것' 등은 붙여 쓴다.

예) 아무것도 아니야.

2) 지나간 일에 대한 후회를 나타내는 종결 어미 '-ㄹ걸'은 앞말에 붙여 쓴다.

예) 미리 공부할걸.

친구라도 될걸.

3) 가벼운 반박이나 감탄의 뜻을 나타내는 종결 어미 '-ㄴ걸'은 앞말에 붙여 쓴다.

예) 차는 이미 떠난걸.

내가 생각한 거랑 다른걸.

> **TIP** 그러나 '친구라도 될 걸 그랬어'처럼 '-걸'이 문장의 끝에서 쓰이지 않을 때는 앞말과 띄어 쓴다.

4) '거나'의 준말일 땐 붙여 쓴다.

예) 날 좋아하건 싫어하건 상관없어!

🔍 QUIZ

1. 사랑하니까 (참는거야/참는 거야).
2. 너랑 있으면 (아무 것도/아무것도) 생각이 안 나.
3. 나도 (사랑이라는 걸/사랑이라는걸) 해 보고 싶어.
4. 그는 (내것/내 것)이야.
5. 차이더라도 (고백할걸/고백할 걸).

정답 : 1. 참는 거야 2. 아무것도
3. 사랑이라는 걸 4. 내 것 5. 고백할걸

난 **너뿐이야/너 뿐이야**

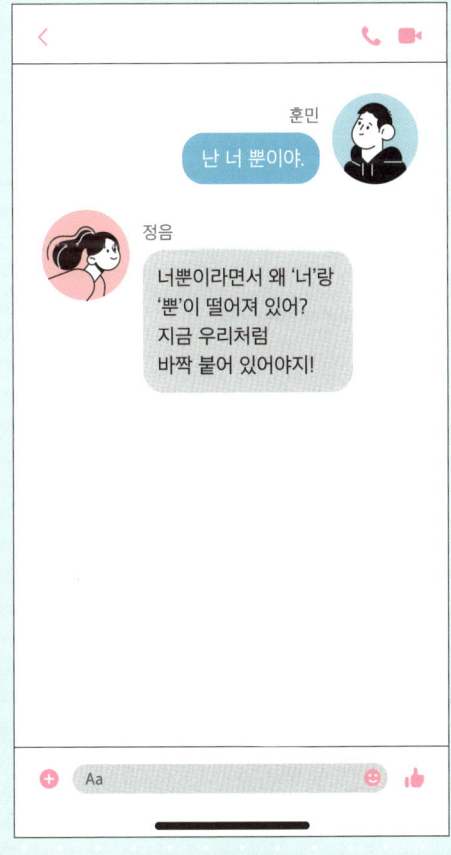

'너뿐이야'일까요, '너 뿐이야'일까요? '뿐'은 앞에 오는 말이 체언(명사, 대명사, 수사)일 땐 조사로 쓰이므로 앞말에 붙여 쓰는데, '너'는 대명사니까 '너뿐이야'로 붙여 써야 해요. 이렇게 '뿐'을 앞말에 붙여 써야 하는 경우를 알아볼게요.

• 체언(명사, 대명사, 수사) + 뿐

예) 난 너뿐이야. (대명사+뿐)

남는 건 후회뿐이다. (명사+뿐)

여기는 맛뿐 아니라 분위기도 좋다. (명사+뿐)

그것뿐이야. (대명사+뿐)

지금 우리 둘뿐이네? (수사+뿐)

부사어 뒤에 올 때도 붙여서 써야 해요.

• 부사어 + 뿐

예) 밖에서뿐만 아니라 집에서도 유난이다.

그는 나에게뿐만 아니라 다른 여자에게도 친절하다.

반면에 '뿐'이 의존 명사로 쓰일 땐 앞말과 띄어 써야 하는데요, 자주 쓰이는 구성을 외워 두면 편해요.

- **-다 ∨ 뿐이지**

예) 시간만 보냈다 뿐이지 한 일은 없다.

총만 안 들었다 뿐이지 강도네.

겉모습만 차갑다 뿐이지 속은 따뜻해.

- **ㄹ + ∨ 뿐**

예) 널 사랑할 뿐이야.

그저 멀리서 바라볼 뿐 다가설 수 없어.

그냥 내 감정에 솔직했을 뿐이야.

여기서 주의해야 할 점! '-ㄹ뿐디리'는 그 자체가 어미라서 붙여 써야 해요.

- **-ㄹ뿐더러**

예) 그는 잘생겼을뿐더러 공부도 잘한다.

맛있을뿐더러 가격도 저렴하다.

다시 한번 정리해 볼까요?

• '뿐'이 조사로 쓰일 때는 앞말에 붙여서 쓴다

1. 명사/대명사/수사+뿐

예) 후회뿐이야/너뿐이야/둘뿐이야

2. 부사어+뿐

예) 집에서뿐만 아니라 밖에서도 유난이다.

• '뿐'이 의존 명사로 쓰일 때는 앞말과 띄어 쓴다

1. -ㄹ 뿐

예) 널 사랑할 뿐이야.

2. -다 뿐이지

예) 사귀지 않았다 뿐이지 뽀뽀다 한 사이다.

→ 때가 아직 안 왔다 뿐이지 넌 분명 잘될 거야.

혹시 머리가 아프다면 명사 뒤에 오는 '뿐'은 앞말에 붙여 쓴다는 것만 기억해도 아주 유용할 거예요. 믿을 건 복습뿐!

🔍 QUIZ

1. 온종일 네 (생각뿐이야/생각 뿐이야).
2. 울기만 (할 뿐/할뿐) 아무 말이 없었다.

정답 : 1. 생각뿐이야 2. 할 뿐

썸 탈 때 틀리면
정떨어지는 맞춤법

초판 1쇄 발행 2025년 8월 20일

지은이 김다경
펴낸이 김선준

편집이사 서선행
책임편집 이주영 **편집1팀** 김송은, 천혜진
디자인 김세민
마케팅팀 권두리, 이진규, 신동빈
홍보팀 조아란, 장태수, 이은정, 권희, 박미정, 조문정, 이건희, 박지훈, 송수연, 김수빈
경영관리 송현주, 윤이경, 임해랑, 정수연

펴낸곳 ㈜콘텐츠그룹 포레스트 **출판등록** 2021년 4월 16일 제2021-000079호
주소 서울시 영등포구 여의대로 108 파크원타워1, 28층
전화 02)332-5855 **팩스** 070)4170-4865
홈페이지 www.forestbooks.co.kr
종이 ㈜월드페이퍼 **출력·인쇄·후가공** 더블비 **제본** 책공감

ISBN 979-11-94530-55-8 (03710)

- 책값은 뒤표지에 있습니다.
- 파본은 구입하신 서점에서 교환해드립니다.
- 이 책은 저작권법에 의하여 보호를 받는 저작물이므로 무단 전재와 복제를 금합니다.

㈜콘텐츠그룹 포레스트는 독자 여러분의 책에 관한 아이디어와 원고 투고를 기다리고 있습니다. 책 출간을 원하시는 분은 이메일 writer@forestbooks.co.kr로 간단한 개요와 취지, 연락처 등을 보내주세요. '독자의 꿈이 이뤄지는 숲, 포레스트'에서 작가의 꿈을 이루세요.